S. FISCHER

ANNA YELIZ
SCHENTKE

KANGAL

Roman

S. FISCHER

Aus Verantwortung für die Umwelt hat sich der S. Fischer Verlag zu einer nachhaltigen Buchproduktion verpflichtet. Der bewusste Umgang mit unseren Ressourcen, der Schutz unseres Klimas und der Natur gehören zu unseren obersten Unternehmenszielen.

Gemeinsam mit unseren Partnern und Lieferanten setzen wir uns für eine klimaneutrale Buchproduktion ein, die den Erwerb von Klimazertifikaten zur Kompensation des CO_2-Ausstoßes einschließt.

Weitere Informationen finden Sie unter:
www.klimaneutralerverlag.de

FSC www.fsc.org
MIX
Papier aus verantwortungsvollen Quellen
FSC® C083411

Originalausgabe

Erschienen bei S. FISCHER

Satz: Fotosatz Amann, Memmingen
Druck und Bindung: CPI books GmbH, Leck
Printed in Germany
ISBN 978-3-10-397081-4

Wir waren noch die ganze Nacht wach, haben CNN oder BBC oder so geguckt, diese Sender, auf denen alles live passiert und unten der Text vorbeifließt. Und wir konnten gar nicht aufhören. Unten an der Brücke war Militär, und dann kamen welche, die bewaffnet waren, und man wusste nicht, wer wer war. Man wusste nur: Da sind Menschen auf der Straße und wehren sich. Dann kamen die mit der türkischen Flagge, richtig viele. Und man wusste gar nicht, ob man wollte, dass einer schießt von dem Militär, das so verzweifelt aussah und erst nicht angriff und sich einfach von den Massen mit den Fahnen überrumpeln ließ.

Es klingelt. Alo? Warum bist du nicht auf der Straße für dein Volk kämpfen? Bist du einer von denen, oder warum stehst du nicht auf und verteidigst deine Nation?

Wir wissen, wer du bist, wir wissen, wo du wohnst. Wenn du nicht rausgehst, für dein Land, dann bist du nicht würdig. Warum also bist du zu Hause? Hadi.

Merhaba, Nasılsın? Ich wollte nur wissen, ob bei euch alles in Ordnung ist. Wieso? Was soll sein? Na, ob es euch gutgeht. Ja, ja – ja, wir trinken Tee. Alles ist in Ordnung. Wir sind zu Hause und trinken Tee. Tamam, Hadi.

Ich rede mit keinen Türken in Deutschland. Du weißt nie, wie die denken. Mit den Türken musst du vorsichtig sein, weil wenn die rausfinden, dass du Oppositionelle bist, dann bist du in Gefahr. Die haben ihre Kontakte, das heißt, du kannst nie wieder zurück. Und mit den Deutschen ist es auch schwierig, die denken immer erst mal, dass man den gut findet, dass man religiös ist oder nationalistisch. Den einen darfst du nicht sagen, dass du dagegen bist, den anderen musst du es sagen. Und du musst direkt erkennen, wer wer ist. Manche denken aber auch, du bist Französin, weil dunkle Haare und so eine Stupsnase.

Das Auswärtige Amt warnt dich, du musst vorsichtig sein, auch wenn du Deutsche bist. Egal wer du bist, es reicht, wenn es eine Verbindung gibt. Du wirst Terroristin genannt, wenn du was gegen ihn sagst, eingesperrt wirst du, für wer weiß wie lang. Gedemütigt wirst du, dabei wolltest du nur für ein paar Wochen hin, deine Familie sehen.

»Seien Sie sich bewusst, dass regierungskritische Äußerungen in sozialen Medien, auch wenn sie länger zurückliegen, aber auch das Teilen oder Liken eines fremden Beitrags Anlass für strafrechtliche Maßnahmen der türkischen Sicherheitsbehörden sein können. Dabei können auch nichtöffentliche Kommentare durch anonyme Denunziation an türkische Strafverfolgungsbehörden weitergeleitet worden sein.«

Die sind mit den Panzern immer weitergefahren, und Menschen haben sich davorgestellt. Manche haben sich auf den Boden gelegt und sind einfach dort geblieben. Und dann sind die Panzer stehen geblieben. Du konntest richtig sehen, wie die Panzer Angst hatten, jemanden zu verletzen. Entweder das wollten sie nicht, oder sie hatten die Vermutung, dass das eh alles nicht klappt, und dann würden sie wenigstens keine Mörder sein wollen. Und das alles ist auf der Brücke passiert, diese eine Brücke! Da war ich erst zwei Monate vorher, genau da!

Frau Yılmaz kriegt keine Wohnung von Deutschen, Frau Yılmaz kriegt keine Wohnung von Türken. Von Deutschen nicht, weil halt, von Türken nicht, oder nur eventuell, weil auf welcher Seite stehst du? Herr Özgür, Immobilienmakler, Eltern 1962 nach Deutschland gekommen, hat sich von unten nach ganz oben gearbeitet. Jetzt ein Eigenheim, Frau, Kinder, seine Zähne glänzen weiß. Moderat religiös, konservativ, so ein bisschen wie der Standard-CDU-Wähler. Nur eben mit Islam. Er hat alles richtig gemacht, und Tanten und Onkels in Ankara geht es gut. Natürlich hilft man sich untereinander. Frau Yılmaz, wir finden etwas für Sie, ich habe bereits passende Objekte herausgesucht.

Ich finde das ganz schön problematisch, wenn mit Gewalt versucht wird, ein demokratisch gewähltes System zu stürzen. Und die Türkei, die hat eben auch eine Geschichte dazu. Und dass die auf einmal versuchen, sich als Helden darzustellen, das spielt dem doch in die Hände. Jetzt wird das doch viel schlimmer alles. Und es war auch klar, dass das nicht funktioniert. Mit so einer Handvoll Soldaten? Come on.

Und genau da stehen sie. Du weißt noch nicht, ob sie tatsächlich nicht weiterfahren, weil das ist alles ganz live, ganz direkt. Niemand kann das Bild verpixeln oder so, weil das in dem Moment, in dem das über den Bildschirm flattert, passiert. Und du hast richtig Angst, weil du halt nicht weißt. Aber du weißt, dass das echt ist, und dass du wissen musst, wie es weitergeht. Davon hängt so viel ab.

DILEK

»Pasaport?«, fragen sie am Flughafen. Ich habe den Pass in der Hand. Wenn sie ihn dir nehmen, bist du niemand mehr.

Ich reiche ihn über den Tisch. Er gleicht das Foto ab, tippt etwas in den Computer, legt den Ausweis zurück. Nicht zu schnell danach greifen, vielleicht ist das ein Test. Wunderbar, der Koffer unter 23 Kilogramm. Ein Rucksack als Handgepäck. In diesem Moment, weiß ich, liegt noch nichts vor.

Ich gehe, bevor passiert, was anderen schon passiert ist, und ich gehe nur jetzt schon, weil ich es kann. Ich sehe, wie andere nicht mehr fliegen können, wie sie schwimmen müssen, wie sie sterben.

Die Wege lege ich auf Laufbändern zurück, die aussehen wie im Fitnessstudio, nur länger. Wenn ich darauf stehe, zieht der Flughafen Istanbul-Atatürk an mir vorbei. Duty-free habe ich schon hinter mir gelassen, wir Passagiere fahren im Stehen zum Gate. Was, wenn ich schnell wegmüsste, wenn jemand hinter mir her wäre, wenn ich einfach losrennen müsste, auf den Laufbändern. Ich zwinge mich, nicht zu rennen.

Gleich heben wir ab. Ich habe einen Platz am Fenster, in der Mitte sitzt ein Mann im Anzug. Ich will schlafen, so lange, bis alles hier vorbei ist. Einfach über alles hinwegfliegen, über dieses Land, über Ismi lazım değil. So lange im Kreis fliegen, bis ich wieder bei Tekin landen kann und bei allen anderen, bis ich wieder zu Hause sein kann. Ein paar Jahre in einem Flieger, mit Platz am Fenster, die Zeit müsste so schnell vergehen, als ob man schlafen würde.

Wir werden in drei Stunden landen. Ich war schon mal in Deutschland, bei meiner Cousine. Ayla und ich waren noch Kinder, vielleicht zehn oder elf. Früher verbrachte Ayla die Sommer immer bei uns, es ist einfacher, weil man aus Deutschland kein Visum braucht. Außerdem war die restliche Familie hier. Wir waren damals viele.

»Hier«: Wo ist das – jetzt? Wann kann ich von »hier« sprechen, und wann sage ich »dort«? Über Bulgarien gucke ich aus dem Fenster, unter mir, das weiß ich, liegen grün-braune Hügel. Aber heute ist alles weiß, nur Nebel und Wolken. Wenn ich Asyl beantragt hätte, dann wäre mein altes Hier verschwunden, ich könnte nicht mehr zurück. Du hast Verrat begangen, du hast behauptet, du hast geklagt, du hast Aufsehen erregt, du hast kritisiert, du musst Terroristin sein. Wenn also jemand fragt: Ich bin freiwillig hier, und ich bin freiwillig dort.

Ayla weiß nicht, dass ich komme. Niemand weiß, dass ich komme, außer der Makler, mit dem ich vorgestern einen Termin vereinbart habe. Ich treffe ihn morgen, ich meine es ernst.

Ich habe oft versucht, Tekin zu überzeugen, dass wir einen Plan brauchen. In diesem Land kann jederzeit alles passieren. Aber er will sich nicht vertreiben lassen. Er werde nicht gehen, sagt er, er sei hier zu Hause und er wolle dafür kämpfen, dass es wieder so wird, wie es einmal war. Für diesen Kampf nimmt er in Kauf, dass wir verhaftet werden. Sag mir, Tekin, wie willst du aus dem Gefängnis heraus kämpfen?

Tekin sagt »Kampf«, für mich heißt es »Widerstand«.

Etwa ein Jahr vor dem Putsch gab es online eine Aktion, Frauen des ganzen Landes zeigten dem Staatspräsidenten den Rücken. Tekin machte das Foto, wie ich im Wohnzimmer stand. Nichts Persönliches von uns war zu sehen, nur mein Hinterkopf, die Haare lose mit einem Haargummi hochgebunden, die Rückseite meines Hemds und meine erhobene Hand, die Finger zum Victoryzeichen geformt. Direkt danach habe ich ihm den Hashtag gezeigt: #SirtimiziDönüyoruz.

»Solche Aktionen ändern nichts«, sagte Tekin. Dass wir auf allen Ebenen tun müssen, was wir können, hielt ich ihm entgegen. Solange wir können.

Wir waren online und fühlten uns geschützt. Die wenigsten waren mit echten Namen auf den Plattformen registriert, mein Name war *Kangal1210*. Es gab Kangallar im Dorf meiner Anneanne. Sie hatte am 12. Oktober Geburtstag. Zumindest war das der Tag, an dem ihr Baba zum Amt im nächstgrößeren Dorf gegangen war. Aus Erzählungen meiner Mutter weiß ich, dass sie stark war. Ohne sie wäre alles auseinandergefallen. Anneanne wusste immer, was zu tun war. Sie konnte riechen, wann geerntet werden musste, sie konnte fühlen, wann jemand Sorgen hatte. Nachbarn klopften, um sich Rat einzuholen, erzählte mir meine Mutter. Sogar die Kangallar kamen zu Anneanne, die ihre Wunden versorgte, wenn sie gegen Wölfe gekämpft hatten.

Wir mussten andere werden, um sagen zu können, was wir dachten. Lieber eine andere sein, als keine Stimme zu haben. Als Kangal wurde ich nicht als ich und nicht als Frau erkannt. Später habe ich mich gefragt, was passiert, wenn sie in unsere Wohnung kommen und unsere Zimmer sehen. Unser Wohnzimmer, in dem Kangal ihm den Rücken gezeigt hat.

Sina und ich haben gemeinsam Geographie studiert. Wir waren sofort unzertrennlich, nach drei Jahren lernte sie Baran kennen, dann war Sina von zwei Personen unzertrennlich. Ich bin kurz darauf mit Tekin in unsere erste gemeinsame Wohnung gezogen. In meiner Hand halte ich das Foto, das ich mitgenommen habe. Ein Foto von uns, aus dem Urlaub. Um Geld und Visum zu sparen, waren wir im Land geblieben. Sinas Tante hat ein Ferienhaus an der Ägäis, wo wir eine Woche lang wohnen durften. Tekin und ich, Hilal und Soraya und Sina und ihr Freund. Von Istanbul aus fuhren wir in zwei Autos über Bursa nach Assos.

Der Strand besteht aus grobem Kies, die Steine sind rund und warm, das Wasser ist ganz klar. Das Ferienhaus liegt direkt an der Küstenstraße, die in die nächste kleinere Stadt führt. Ich war barfuß, wollte an den Strand gehen, mittags um 13 Uhr. Erst war es nur warm, bis meine Sohlen plötzlich so heiß wurden, dass ich anfing zu rennen, über die asphaltierte Straße. Der Kies auf der anderen Seite war hell, weiß, grau, und ich lief über die Steine, bis ich die Füße in der Ägäis abkühlen konnte. Dort, wo die Haut an der Fußsohle nicht verhornt war, bildeten sich Brandblasen. Abends saßen wir zu zweit auf dem kleinen Balkon, jeder auf einem Plastikstuhl, ich hatte den

Fuß auf Tekins Bein abgelegt, er hielt ein Kühlpack an meine Sohle und tauschte es jede halbe Stunde gegen das kühlere im Eisfach aus. Jedes Mal wenn er aufstand, machte der Stuhl einen kleinen Satz, das Plastik wollte sich nicht von seiner Haut lösen, so heiß war es, auch nachts. Von unserem Balkon aus konnten wir Lesbos sehen.

Hilal wurde in Istanbul verprügelt. Der nur unter Eingeweihten bekannte Club musste bereits ein paar Monate zuvor schließen, die Stadt hat die Lizenz entzogen. Soraya und Hilal waren also in einer anderen Bar, mit Freundinnen. Zweimal haben sie sich geküsst an diesem Abend, nur ganz kurz. Soraya musste früher gehen, und Hilal ging später allein nach Hause. Einer vom Nebentisch, der die beiden den ganzen Abend über immer wieder angestarrt hatte, ging auch. Seither trägt sie eine Augenklappe, Glasaugen findet sie gruselig. Es mache ihr nichts aus, nur noch auf einer Seite zu sehen, sagt sie. Jetzt könne ihr nur noch ein Auge brennen vom Tränengas.

Wir haben kein einziges Mal seinen Namen gesagt. Der, der keinen Namen braucht – Ismi lazım değil.

Wenn man nichts Gutes über ihn zu sagen hat, sagt man ihn nicht. Wir hatten gemeinsam, dass wir nichts Gutes über Ismi lazım değil zu sagen hatten, auch wenn wir alle etwas andere Gründe dafür hatten. Es hat uns aber verbunden, dass wir uns – so dachten wir – sicher sein konnten, dass, was wir besprachen, unter uns bleiben würde. Damals wussten wir noch nicht, wie das Leben längst begonnen hatte, sich zu verschieben. Wenn wir damals schon Ismi lazım değil gesagt haben, was sollen wir dann heute sagen?

Tekin und ich und wie wir rauchen. Käsetoast, die Katzen um unsere Beine, der Straßenmusiker an der Ecke. Die Stühle, auf denen wir saßen, in unserem Café, sind nun weggeräumt. Zunächst in einen Hinterraum, dann, nach einigen Monaten, als klar war, dass die Lizenzen für draußen nicht mehr herausgegeben werden, vielleicht auf dem Müll gelandet, entsorgt. Langsam wurde alles plattgemacht. Nicht von den Panzern. Sondern mit den Stühlen und Lizenzen, mit allem, was plötzlich fehlte, und mit der Angst, verraten zu werden. Die Angst ist nachhaltig und wendig. Sie erwischt dich im Alltag, bei der Familie, auf der Arbeit, in der Liebe. Aber wir sind, daran denke ich jeden Tag, und ich muss glauben, dass es so ist, nur im Hinterraum. Wir sind nicht auf dem Müll gelandet. Wir sind nur im Hinterraum.

TEKIN

Ihre Schrankhälfte ist ausgeräumt. Dilek hat das Foto mitgenommen, das in der Küche über dem kleinen Esstisch hing. Weiß ist die Wand dahinter, ein weißes Rechteck über unserem Küchentisch. Zwanzig Zigaretten am Tag, pro Person, sind vierzig, über 365 Tage, auf 12 Quadratmeter, machen die Wand gelb. Ein helles Rechteck, das mich an sie erinnern wird.

In Panik soll man keine Entscheidungen treffen. Es gibt immer noch einen Weg, den man auf den ersten Blick nicht sieht. Manchmal war Dilek völlig außer sich. Schlimm wurde es nach der Nacht mit den Panzern und den Toten, die wir im Fernsehen gesehen haben. Jeden trifft es anders. Manche sind stiller als zuvor, manche lauter. Als müssten sie sich entweder für das eine oder das andere entscheiden. Entweder du machst mit, oder du sagst besser nichts. Bei den Stummen kann man nur ahnen, was in ihren Köpfen vorgeht. Ich weiß, dass wir nicht still genug waren, um einfach so durchzukommen.

»Wir löschen einfach alles, dann ist es egal, was er der Polizei sagen wird.« Dass doch alles schon längst gespeichert sei, sagte Dilek. Aber dann wären wir schon längst nicht mehr hier, das denke ich heute noch. Und stehe in der Küche, ohne Dilek, und werfe das Glas, aus dem sie gestern noch getrunken hat, an die Wand.

Ich kehre die Scherben auf, unter dem hellen Rechteck. Das Foto hat Sina geschossen. Am Abend saßen wir immer lange auf der Terrasse, haben über Ismi lazım değil gesprochen. Man muss wissen, wie man wo spricht. Wir hatten gelernt, wachsam zu sein, und wir waren unter uns.

The number you've called is temporarily not available. Lütfen daha sonra tekrar deneyin.

Dilek ist radikal, aber radikal dumm. Wenn sie etwas macht, dann zieht sie es durch. Ihre Entscheidungen trifft sie blind. Dass sie jetzt wahrscheinlich im Flieger sitzt, wird sie bereuen, aber zugeben würde sie das nie. Man kann nie sicher sein, aber wir waren immer vorsichtig, wir wissen doch, wie das alles funktioniert hier. Ich sage, die Chance ist gering, dass man sie drangekriegt hätte. Wenn wir ausschließlich dafür, dass wir nicht einverstanden sind, festgenommen werden können, dann müssen gerade wir das tun. Irgendwann sind die Gefängnisse voll. Wir sind doch mehr.

DILEK

Das Hostel sieht traurig aus, aber immerhin stinkt es nicht. Ich hätte ein Hotel nehmen können, aber ich bin nicht im Urlaub. Die Wände sind dunkelblau gestrichen, in der gleichen Farbe der Fliesen in unserem Badezimmer in Istanbul. Tekin und ich haben in letzter Zeit oft gestritten, und wir fanden keinen Ausweg. Vielleicht gibt es keine Lösung. Ich teile mir das Acht-Bett-Zimmer mit drei anderen. Wir sprechen nicht, und manchmal werfen wir uns Blicke zu. Ich habe frische Kleidung für etwa eine Woche, Laptop, Portemonnaie, Reisepass, Visum und eine kleine Notapotheke. In der kleinen Tasche neben den Geldscheinen steckt das Foto von Tekin und mir.

Auf der Arbeit war ich eine von vielen und behielt meine Gedanken für mich. Ich verhielt mich wie ein Schaf, vielleicht war ich eins. War doch eins für die anderen Schafe, die neben mir standen. Das war meine Zeit in der Herde, jeden Tag, von acht bis fünf. Tekin und ich waren zufrieden mit unserer Wohnung, ich gab mein Geld sonst nur für Sprachkurse aus. Viel Deutsch, ein bisschen Französisch. Nach drei Jahren in der Herde hatte ich genug für sechs Monate Notfallplan.

Osman Özgür will mir helfen. Er ist sehr freundlich, trägt einen Maßanzug und riecht nach Rasierwasser, mindestens fünf Meter weit, in alle Richtungen. Wo es nach Rasierwasser riecht, kann es nach nichts anderem riechen. Ich weiß, woran ich bin. Bleibe ich in der Nähe, bleibt der Geruch, ich kann mich auf ihn verlassen. Osman Bey erzählt von drei Wohnungen, die er für mich herausgesucht hat. Das Angebot sei knapp, vor allem in den Großstädten, aber er habe seine Kontakte. Wir sind unter uns, »Türke hilft Türke«. Es komme natürlich auf den Preis an. Auch wenn ich nicht reich sei, für eine schöne Ein- oder Zweizimmerwohnung sei es genug. Reich könne noch kommen, er grinst, vielleicht wenn der Mann nachkommt? Er benimmt sich wie ein Vater, dabei ist er mindestens zwei Jahre jünger als ich. Ob erst mal auf ein Jahr befristet gehe?

Einen kleinen Südbalkon hat eine der drei Wohnungen, »sehr selten hier«, sagt er. »Maşallah! Die Türkei ist ein schönes Land, wir haben immer Sonne. Hier in Deutschland haben wir ständig Regen, daran müssen Sie sich gewöhnen.«

AYLA

»Mustafa hat geschrieben, er ist gleich da«, sagt Melek und füllt den letzten Umzugskarton mit meinen Klamotten. Sie geht in die Küche. »Was müssen wir noch mitnehmen?« Mein Zettel sagt: drei Kartons Kleidung, zwei Kartons Bücher, ein Karton Bilder und Deko, ein Karton Kosmetik und Körperpflege, wichtige Dokumente blauer Ordner, Rucksack, Sessel Anneanne, (Pflanzen?).

»Nichts«, sage ich.

»Das war's schon?«

Meine Pflanzen sind alle vertrocknet, er hat sie nicht gegossen. Die meisten Möbel hat er gekauft, die bleiben hier. Es klingelt, Meleks Bruder hat einen Transporter mitgebracht, er hilft beim Runtertragen. Ich gehe noch einmal durch alle Zimmer, bleibe nicht stehen. Lieber schlafe ich für immer auf Meleks

Couch, als jemals wieder mit so einem das Bett zu teilen.

Später fahre ich zu meinen Eltern zum Abendessen. Meine Mutter umarmt mich, sie weint und sagt Canım, Yavrum, Canım, Yavrum immer abwechselnd und lässt mich nicht los, bis mein Vater in den Flur kommt, mir den Arm um die Schulter legt und mit mir ins Wohnzimmer an den Esstisch geht. Die beiden verhalten sich, als wäre jemand gestorben. Gibt es jetzt Hühnchen mit Reis? Hoffentlich kein Helva zum Nachtisch, sonst gehe ich sofort.

Ich solle mich setzen, wir müssten jetzt reden.

TEKIN

Ich kann nicht mehr herumsitzen, ich muss raus, obwohl es regnet, und will mir einen Kaffee holen. In unserem Viertel gibt es nicht mehr so viel Leben. Die Stadt hat sich verändert, kaum jemand sitzt mehr draußen zum Essen und Trinken, zum Reden, zum Lachen. Die Luft, die wir atmen, ist schwer vom Misstrauen, das sich über die Jahre in ihr festgesetzt hat. Es ging langsam los und wurde beschleunigt durch diese eine Nacht. Wir sollten nicht mehr beisammen sein, keinen Alkohol mehr trinken, uns wie »richtige Türken« benehmen.

Wenn wir früher abends in unsere Bar gegangen sind, haben wir uns keine Gedanken darüber gemacht, ob wir nach Hause taumelten oder gingen, ob wir rauchten oder sangen. Wenn mal jemand blöd geguckt hat,

hat Dilek gerufen »Saufen gegen Allah!« und gelacht. Wir fanden uns kritisch genug, aber wir hätten aufmerksamer sein sollen. Schon damals waren nicht alle so frei, wie wir uns in diesen Nächten fühlten. Spätestens nach der Sache mit Hilal haben wir aufeinander aufgepasst.

The number you've called is temporarily not available. Lütfen daha sonra tekrar deneyin.

–

Sinas Freund trafen wir das erste Mal in unserem letzten gemeinsamen Urlaub. Sie hatte ihn mitgebracht, aber danach haben wir ihn kaum noch gesehen. Sina hatte immer Ausreden, warum er nicht dabei war. »Baran hat eine neue Arbeit, viel zu tun. Barans Tante ist krank, er kümmert sich um sie.« Er spielte für uns keine Rolle, fast vergaßen wir seinen Namen, wir nannten ihn nur »Sinas Freund«.

»Es ist dringend«, schreibe ich Sina. Wir hatten nach den ersten Protesten vereinbart, dass man nicht nachfragt, wenn man »çabuk çabuk« schreibt. »Um acht Galata-Brücke?«, schreibt sie.

AYLA

Es war das zweite Mal, dass Yusuf mich schlug. Ich kam später als geplant aus der Uni, hatte vergessen, dass wir in der Woche eine doppelte Stunde hatten, und das Abendessen nicht vorbereitet. Er war schon da, als ich heimkam, saß auf der Couch, der Fernseher lief. Als er aufstand, hielt er seinen Arm so anders. Er ging auf mich zu, den Arm ganz starr, die Hand flach. Das war der Moment, in dem ich wusste, dass diese Beziehung für mich vorbei war.

Baba sitzt mir gegenüber, neben ihm meine Anne, mit einem Taschentuch in der Hand. Er will wissen, warum ich mich trenne. Anne hat keine Geheimnisse vor ihm. Ich gucke sie an. Sie soll erzählen. Was Anne sagt, ist wahr. »Ich will es von dir hören«, sagt er. Also erzähle ich von Traurigkeit, damit er sagen kann:

»Alles wird gut« oder »Wir finden eine Lösung, canım«, aber er sagt nur: »Wie soll es jetzt weitergehen?«

Anne geht in die Küche, unsere Bäuche sollen gefüllt werden.

Canım, yavrum, canım, yavrum. Vielleicht weil sie weiß, dass ich schneller wütend werde, wenn ich hungrig bin, vielleicht weil sie weiß, dass diese Traurigkeit nur für heute Abend, nur für Baba ist. »Man lügt seine Familie nicht an«, höre ich ihre Stimme, Babas Stimme, wie sie mir früher erklärt haben, wie man ein guter Mensch wird.

Was passiert ist, erkläre ich nüchtern, und als ich von Enttäuschung reden will, kommt Anne mit dem Essen.

»Du willst also lieber ohne Mann sein als mit ihm?«

»Ich brauche kurz frische Luft«, sage ich und gehe auf den Balkon.

DILEK

Morgen will Osman Özgür sich melden, vielleicht habe ich Glück. Ich habe ihm gesagt, ich nehme eine, ohne sie vorher anzugucken. Wir sind in Deutschland, sie wird in Ordnung sein. Ich habe Osman Bey nichts Wahres über mich erzählt, er kennt nur meinen Namen. Trotzdem scheint er sich gleich sicher gewesen zu sein, dass auch ich ein Schaf bin. Seine Herde, das sind »die Türken«, das ist seine Familie hier, seine Familie dort. Waren seine Eltern nach Deutschland gekommen? Oder seine Großeltern? Für Osman Bey bin ich eine türkische Frau, die nicht länger alleine in einem Hostel wohnen soll. Wieso ich mich nicht früher gemeldet hätte. Direkt vom Flughafen in die neue Wohnung, das wäre gegangen. Ich bringe Osman Bey Geld, ich habe genug für ein halbes Jahr, was dann kommt, weiß ich nicht. Er sagt, er wolle mir helfen. Wir müssten zusammenhalten in diesem Land, das solle ich nicht vergessen. Ich halte mich zusammen.

Hier in Frankfurt halte ich Ausschau nach Ayla. Denke an die Sommer vor dem Streit unserer Mütter. Elif und Ezgi saßen abends noch lange auf der Terrasse, das Sofa im Wohnzimmer gehörte Ayla und mir, im Sommer war ich kein Einzelkind. So wie Elif die große Schwester für Ezgi war, so war ich für Ayla ihre Abla. Ein Sofa nur für uns, Glitzerstifte, Sammelkarten und Süßigkeiten und unsere jungen Geheimnisse.

–

Ich muss zehn gewesen sein und Ayla acht, meine Mutter und ich verbrachten drei Wochen in der Wohnung ihrer Schwester, in einem Neubaugebiet am Rande der Stadt. Ayla und ich waren jeden Tag auf dem Spielplatz, direkt gegenüber. Auf dem Balkon saß ihr Vater, hatte uns im Blick, und wir haben uns sicher gefühlt vor den großen Jungs, die die Fußbälle hart gegen eine Hauswand schmetterten. Manchmal fuhren wir in die Innenstadt zum Abendessen. Ich wusste nie, ab wann wir in der Innenstadt waren. Eine Innenstadt war doch voll mit Menschen, mit vielen Autos, Hupen und Stimmen. Aber die Straßen waren leer und die Plätze riesig und gepflastert, und alles war sehr sauber. Es roch nach nichts.

Ich stehe am Hauptbahnhof, und vor mir liegt die Kaiserstraße. Die Häuser sind aus einer anderen Zeit, aus hellem und rötlichem Sandstein, Schnörkel um die Fenster, vielleicht Barock. Und dahinter, am Horizont der Straße, die Skyline. Ich bin hier allein unter wenigen Vielen, ich bin anonym. In Istanbul haben wir gelernt, anonym zu sein, anonym unter vielen und anonym im Netz. Aber das reicht nicht mehr, das habe ich begriffen. Sie können die Wohnung stürmen, dich festhalten, mitnehmen, und du kannst noch nicht einmal die Polizei rufen. Sie sind die Polizei. Wer sind sie hier?

AYLA

Meine Tränen sind nur für mich, nicht für Baba, nicht für Anne. Ich ziehe fest an meiner Zigarette, halte kurz die Luft an, bevor ich den Rauch in den kalten Abendhimmel puste. Baba hasst, dass ich rauche. Als ich fünfzehn oder sechzehn war und am frühen Abend nach Hause kam, fragte er: »Warum riechst du nach Orange?«

»Da haben welche Shisha geraucht«, sagte ich und erwähnte nicht, dass ich auch gezogen hatte.

»Nedir Shi-Sha? Was ist das? Was soll das?«

Ich erklärte ihm, dass das wie Rauchen war, aber mit Dampf. Dass es ungefährlich war und dass das die Leute in der Türkei machten.

»Nargile, meinst du!«, sagte er und lachte laut. »Bist du ein Tourist, Ayla, oder ein alter Mann im Dorf? Bist du nicht, also mach das nicht.«

Ich schnippe die Zigarette über das Balkongeländer. Als ich wieder reinkomme und mich an den Tisch setze, fragt er:

»Das ist deine frische Luft?« Ich antworte nicht. »Warum hast du nichts gesagt, als er das erste Mal geschlagen hat? Ich hätte das klären können, mit ihm oder seinem Vater.«

»Ich wollte nicht, dass ihr euch Sorgen macht«, antworte ich und denke, nein Baba, du hättest nichts klären können, wer einmal schlägt, schlägt immer. Ich ziehe meine Jacke an und gehe, bevor sie sehen, dass man mich nicht trösten kann, weil traurig bin ich nicht und auch kein Opfer.

TEKIN

Im Mai 2013 hatten die Proteste begonnen, und schnell war allen klar, dass es sich nie um einen Kampf um Bäume gehandelt hatte. Dilek und ich saßen an einem Sonntag in unserer Küche und sprachen über das Geburtstagsgeschenk für Hilal: ein Stifte-Set, mit über hundert verschiedenen Farben in einem kleinen Holzkoffer. Hilal zeichnete schon seit Jahren Karikaturen, auch wenn das Zeichnen später mühsamer geworden war, seitdem sie ein Auge verloren hatte. Als Soraya und Hilal zusammenkamen, zogen sie in eine Wohnung und nannten es WG. Wir demonstrierten damals ständig, viele wurden verletzt, Anfang Juni gab es den ersten Toten. Aber solange wir dabei waren, hatten wir das Gefühl, dass alles vielleicht noch irgendwie zu retten war. Wir konnten noch sprechen, zumindest in diesem Moment. Und auch

Hilal ging weiter auf die Straße. Ich verstand nicht, wie sie keine Angst haben konnte. »Woher nimmst du diese Kraft, diesen Mut, diesen Willen?«, fragte ich sie an ihrem Geburtstag. Ich hätte nichts kapiert, sagte sie und meldete sich tagelang nicht bei mir.

Ich habe erst später verstanden: Hilals Mut war keine Entscheidung. Sie muss sich auf dem Amt, im Beruf, vor der Familie rechtfertigen, warum sie keinen Mann hat. Muss sich sagen lassen, dass sie nicht wisse, was ihr entgehe. Sie kann noch nicht einmal in Ruhe wohnen, ohne dass sie von Nachbarn gefragt wird, warum sie mit einer Frau zusammenlebt. Dilek sagte mir: »Hilal braucht keine Bewunderung, sie braucht Verbündete.«

DILEK

In der Zeit, als die großen Proteste begannen, hatte ich das Gefühl, dass Tekin die Aufregung ein bisschen genoss. Er sprach über Gleichberechtigung und stand mit anderen Männern in der ersten Reihe. Wir aber spürten keinen Schauder, wir hatten blanke Angst. Darüber sprachen wir, Hilal, Soraya, Tekin und ich, und er verstand dann schon und entschuldigte sich. Wir hatten alle zu lang gebraucht, um zu verstehen: Es konnte nicht die Lösung sein, dass sich nur die wehren, die nicht mehr anders können, wir mussten es alle gemeinsam machen. Jetzt frage ich mich, ob er deshalb nicht mit mir gehen wollte, weil er sich sonst hätte eingestehen müssen, dass unser ganzes Demonstrieren und unser vieles Sprechen darüber nichts verändert hat. Dabei wissen wir doch gar nicht, wie es heute wäre, wenn niemand sich jemals gewehrt hätte. Heute denke ich, ich hatte keine Wahl, morgen frage ich mich, ob ich nicht ein Feigling bin und es mir einfach mache, jetzt und hier.

TEKIN

Beyaz_lüle wurde von ihnen auf der Arbeit abgeholt, Freundin ist in Sicherheit. Habe gesagt, ich bin krank, bis gleich, du weißt wo.

Am Tag bevor Soraya verhaftet wurde, waren wir zum Picknicken im Park verabredet. Ich hatte ein Blech Börek für uns gemacht, Dilek kam von der Arbeit und holte mich zu Hause ab. Sina war schon im Park, weil sie für die Uni lesen musste, und Hilal und Soraya waren wie immer zu spät. Wir sprachen über Essen, über Serien, über Bücher, und wenn es heikel wurde, senkten wir die Stimmen, rückten zusammen. An manchen Tagen waren wir vorsichtiger als an anderen, aber rational war das nicht.

In der Dämmerung gingen Dilek und ich nach Hause, kauften auf dem Heimweg im Supermarkt ein, schauten Nachrichten, dann eine Serie, hingen am Handy, gingen ins Bett. Am nächsten Tag ging Dilek früh zur Arbeit, ich etwas später. Vormittags schrieb mich *Kangal1210* an. Ich machte mich sofort auf den Weg.

AYLA

Im Flur von Meleks WG stehen die Umzugskartons. Sie hat mir zwei Schubladen in ihrer Kommode leergeräumt, in denen ich Kleidung und den Kulturbeutel verstaut habe. Wenn Melek nach Hause kommt und ich schon schlafe, werde ich davon aufwachen, wie sie vorsichtig versucht, über den Rand der aufgeklappten Couch zu kriechen, um in ihr Bett zu kommen.

Aus dem Zimmer des Mitbewohners höre ich einen dumpfen Technobeat und das Lachen seiner Freundin. Anne und Baba habe ich erzählt, dass ich hier ein eigenes Zimmer habe.

Viele glauben, Melek wäre einfach hart, weil sie laut ist und direkt, weil sie sagt, was sie will, weil sie vorher nicht nachdenkt. Aber sie hätte sagen können:

»Ich hab dir von Anfang an gesagt, dass er ein Wichser ist.« Sie sagte: »Komm zu mir, schlaf auf der Couch, ich bin immer für dich da.«

Ich wünschte, ich hätte sie kennengelernt, als die Haare zwischen meinen Augenbrauen anfingen zu wachsen. Als meine blonde Freundin die Rasierklinge ihrer Mutter aus dem Schrank nahm und sagte: »Lass mich mal ran.« Als mir danach eine halbe Augenbraue fehlte und ich in der Klasse nicht mehr Monobraue genannt, sondern nur noch ausgelacht wurde. Melek weiß heute noch nicht, wie man zupft, sie braucht es nicht zu wissen. Aber sie weiß, wie man mit Worten zurückschlägt. Melek die Furchtlose, die niemand zu beleidigen wagt.

DILEK

Die Frau im Supermarkt an der Kasse kam mir bekannt vor. Auf ihrem Schildchen stand ein türkischer Name. Ich hatte kurz die Phantasie, sie anzusprechen, einfach ein bisschen Smalltalk hätte mir gereicht. Aber was, wenn sie Ismi lazım değil gut findet? Könnte sie mich kennen? Wer sind ihre Eltern? Vielleicht haben sie Einfluss? Wer sind ihre Freunde? Vielleicht braucht es keinen Einfluss, vielleicht hat sie die App und meldet mich an den türkischen Staat. Ayla würde mich nicht ausliefern. Wenn Elif gewusst hätte, dass ich Ayla einmal so sehr brauchen würde, vielleicht hätte sie den Streit mit Ezgi nicht so eskalieren lassen.

Im letzten gemeinsamen Sommer wollten Ayla und ihre Mutter für vier Wochen bei uns bleiben. Die beiden Schwestern saßen abends auf der Terrasse, redeten manchmal bis zum Morgen. Es ging wieder um den, der groß sein soll, den Elif aber nie groß fand. Sie und ihre Schwester wurden ohne Allah erzogen, ohne irgendeinen, der groß gefunden wird. Und auf der Terrasse sprachen sie über den, der keinen Namen braucht, und über seine Partei. Meine Mutter war skeptisch, nicht nur ihm gegenüber, auch anderen, auch denen davor und denen daneben. Aber meine Tante war nach Deutschland gegangen, und vielleicht lag es an Deutschland, vielleicht auch nicht. Jedenfalls war sie anderer Meinung. Und ihre Meinung wäre uns bald gefährlich geworden. Elif hat das früh verstanden, aber ich sprach vier Tage nicht mit ihr, so sauer war ich, dass Ayla und Ezgi so bald wieder abgereist waren.

TEKIN

Es war tatsächlich passiert: Soraya war festgenommen worden. Dilek saß in der Küche, die Ellenbogen auf dem Tisch abgestützt. Wir hatten von diesen Festnahmen gehört, wir wussten, Soraya würde nun in Haft bleiben. Ihre Inhaftierung war die Inhaftierung von Anwältinnen, von Journalisten, von dir und von mir. Sagte Dilek. Ich fand, dass wir für Soraya mitkämpfen mussten und dass wir nun noch verantwortlicher waren dafür, dass das alles ein Ende nimmt. Dass Ismi lazım değil und alle um ihn gestoppt werden. Ich dachte auch, dass es eine Möglichkeit gäbe, Einfluss auf Sorayas Prozess zu nehmen. Aber Soraya ist noch immer in Haft, und Sina kam nicht mehr zum Frühstück vorbei, sie kam abends nicht mehr mit in die Bar.

Ich habe noch zwei Stunden, bis ich Sina treffe. Ich muss in die große Einkaufsstraße, die ich sonst meide, nur damals haben wir uns in den Parallelstraßen getroffen, sind dann in Gruppen auf die große Einkaufsstraße gelaufen, mit Plakaten. Wir wussten, dass sie am Platz schon mit den Wasserwerfern auf uns warteten. Jetzt höre ich verschiedene Sprachen, die Leute kaufen ein, gehen zur Arbeit oder kehren davon zurück. Sie gehen zu Fuß, denn die Metro ist voll, und Frauen drängen sich nicht in die volle Metro. Sie laufen mit schnellem Schritt. Du kommst von einer Seitenstraße auf die Istiklal und wirst vom Strom erfasst. Du merkst es gar nicht mehr, weil du selbst zum Strom wirst.

Heute gehe ich in die andere Richtung. Ich bin langsam, muss ständig ausweichen, stehen bleiben, weitergehen. Ich komme nicht voran. Fliehe rechts in die Passage, in den kleinen Verkaufsraum eines chinesischen Imbisses. Die Straße lässt sich ausblenden, hier gibt es nur Hitze von den Flammen unter den Woks. Ich bestelle mir eine Portion Nudeln in der Box. Denke an Dilek und wie wir beide uns mittwochs nach ihrer Vormittagsvorlesung mit so einer Box auf den Campus gesetzt haben. Wie sie mich ansah, lächelte und ich dann keinen Hunger mehr hatte. Ich verstaue die Box in meinem Rucksack. Weiter gegen den Strom, vorbei an der Schneiderei von Sinas Amca. An der Tür hängt ein Schild. Heute geschlossen.

AYLA

In dem Sommer nach dem Unfall mit den Augenbrauen gingen wir in der Türkei mit der ganzen Familie zum Frisör. Ein Salon über zwei Stockwerke, mit bodentiefen Fenstern. Ich lief Dilek hinterher, in den ersten Stock, und merkte erst oben, dass alle Männer der Familie im Erdgeschoss geblieben waren. Der Raum hatte rechts und links große Spiegel und davor gepolsterte große Sessel, auf denen Frauen saßen, die sich frisieren, Haare entfernen oder schminken ließen. Sie tranken Tee und Kaffee, sie redeten alle miteinander. Ich wusste nicht, wer hier arbeitete und wer Kundin war. Dilek und ich saßen, weil wir noch junge Mädchen waren, gemeinsam auf einem Sessel. Eine Frau erklärte mir: »Du musst die Braue die nächsten Wochen in Ruhe lassen, und dann, yani, machst du mit diesem Stift morgens ein bisschen so.« Was übergemalt war, wischte sie mit ihrem Finger und ein bisschen Speichel ab. »Tatlım«, sagte die Frau und strich mir über die schwarzen Haare. Der ganze Salon war ein Stimmengewirr, hier waren die Haare auf der Oberlippe kein Drama, hier wussten die Frauen, was zu tun war. Sie freuten sich über die dicken Wurzeln im abgerissenen Heißwachs, die zeigten, was man geschafft hatte. Ich wollte alles lernen, und zu Hause würden sie merken, dass ich nun wüsste, wer ich war. Für meine Abla war das alles so selbstverständlich, dass ich mich schämte. Warum hatte ich mir in Deutschland gewünscht, diese Haare nicht zu haben? Hier, im Salon im ersten Stock, musste ich mich nicht mehr verstellen.

DILEK

Ich habe jetzt eine Bleibe. Neun andere Parteien wohnen in dem Haus. Meine Wohnung ist im ersten Stock, von dort sehe ich auf einen Spielplatz. Ich stehe auf dem Balkon, wie Aylas Vater es immer getan hat. Aber ich habe niemanden im Blick, ich passe auf niemanden auf, nur auf mich selbst.

Am Morgen, als ich meinen Koffer packte, war ich in Eile. Wollte nicht riskieren, dass eine SMS von Tekin meinen Plan durchkreuzt, dass sie mich dazu bringt, dass ich doch nicht gehe. Der Koffer ging nicht zu, ich hatte mich mit dem ganzen Körper auf ihn gestemmt. Kein Pulloverärmel und kein Hosenbein ragten über die Kante, und doch wollte er nicht zugehen. Der Riegel ließ sich nicht davorschieben.

Teilmöbliert heißt das hier. Ein Bett, ein Küchentisch mit zwei Stühlen, ein Sofa, ein Schrank. Das Wohnzimmer riecht nach neuem Auto, Osman Bey hatte eine Reinigungsfirma beauftragt.

Morgen beginnt der Sprachkurs. Was, wenn dort Türken sind? Von Deutschland aus wählen sie die Parteien, die mein Land zu einem gemacht haben, in dem man nicht mehr bleiben kann.

TEKIN

Von der Istiklal bis nach Karaköy geht es nur bergab, Richtung Bosporus gehst du nach unten. Auf den engen Treppen zwischen den Häusern ist man nie allein: Die Menschen strömen hoch auf die Istiklal oder runter zum Bosporus, um dann von dort in den Bus zu steigen oder über die Brücke zu gehen oder am Wasser entlang, nach Hause oder woandershin. Ich stehe an der Galata-Brücke am Kai, von der aus man die Brücke, die heute anders heißt, gerade so sehen kann. Links der Bosporus, rechts das Goldene Horn. Das Wasser hier steht nie still. Als Kind dachte ich, dass alle Kontinente mit Brücken verbunden sind und alle Brücken Kontinente miteinander verbinden. Bin jeden Morgen mit meinem Vater über die große Brücke, die heute anders heißt. In Europa wohne ich, in Asien gehe ich zur Schule.

Die Galata-Brücke hat zwei Etagen. Oben Autos, Straßenbahnen und Spaziergänger. Sie verbindet Stadtteile, keine Kontinente. Unten Restaurants und Geschäfte. Auf dem Gehweg sind Tische und Stühle ordentlich aufgereiht, die Lokale warten auf Gäste, links darunter das Wasser, gelegentlich fliegt ein Fisch an mir vorbei nach oben bis zur zweiten Etage, auf der die Angler sie einsammeln. Ein Ort für Touristen, hier sind die Hinterzimmer leer und die Gehsteige voll. Wenn die Sonne scheint, sieht man die dünnen Angelleinen glänzen, es sieht so aus, als flögen die Fische in den Himmel. Von hier aus sehe ich in der Ferne eine Pylone der großen Brücke. In jener Nacht, als sie noch Bosporus-Brücke hieß, standen dort Panzer und viele Menschen und es wurde geschossen. Wir alle wissen, wo wir waren, als wir davon gehört haben.

Ich erkenne Sina an der dunkelgrünen Wollmütze, die Dilek ihr letzten Winter geschenkt hat. Sie sitzt auf einer Bank am Kai und guckt über das Wasser hinüber nach Eminönü, den Stadtteil, den die Galata-Brücke mit Karaköy verbindet.

AYLA

Oft schläft Melek, wenn ich arbeite, und arbeitet, wenn ich schlafe. Ich könnte in ihrem Bett schlafen, aber ich ziehe die Couch vor, meinen eigenen Raum auf Zeit. Als ich im Rucksack nach dem Pass krame, um mich auf dem Immobilienportal anzumelden, fällt mir das Fotoalbum in die Hände. Darin Fotos von meiner Cousine und mir, von unseren gemeinsamen Sommern. Ich habe sie damals aus dem Müll gerettet, in den meine Anne alles geworfen hatte, was an ihre Schwester erinnerte. Unsere Großeltern sind früh gestorben, es gab für sie keinen Grund mehr, in Kontakt zu bleiben. Meine Eltern haben hier eine eigene Familie: Türken, die hergekommen sind, und Türken, die Deutsche sind, die hier geboren wurden, aber doch Türken sind, weil sie keine Deutschen sein wollen.

»Was bist du?«, fragen sie.

Mir fehlt meine Familie aus den Sommern. Die Frage nach meinem Land wird mich nie verlassen, sie wird mir gestellt und ich muss sie mitdenken, immer.

Es gibt dieses Shirt mit dem Motiv, das meist junge Männer tragen, die abends mit ihren Kumpels vor dem Wasserhäuschen Bier trinken, gegen Rassismus sind und für die Rettung der Welt. Ein weißes Shirt mit roter Schrift: *Döner Kebap,* darunter ein Mann mit Kochmütze und Oberlippenbart, der lächelnd mit einem riesigen Messer Dönerfleisch von einem Spieß schneidet. Dönerfleisch im Sandwich gibt es wahrscheinlich überall auf der Welt, nur nicht in der Türkei.

Meine Eltern verkaufen Dönerfleisch, sie sehen nicht aus wie der Türke auf dem Shirt. Aber ihr Geld verdienen sie mit Döner und haben davon unsere Wohnung gekauft.

Wahrscheinlich hatten sie Angst, dass ich mit einem Mann ankomme, der unser hart verdientes Dönergeld für Döner ausgibt. Deswegen waren sie froh, dass ich ihnen Yusuf vorstellte, nicht irgendeinen Deutschen. Wäre es nach meiner Mutter gegangen, hätte ich meinen Verlobten in Kürze geheiratet und das erste Kind geboren, wäre aber trotzdem arbeiten gegangen, weil wir so fortschrittlich sind. Eine türkische Verlobung ist dafür da, dass zwei Familien zusammenwachsen. Sagt Anne. Dass das mit meinem Verlobten nicht geklappt hat, ist für meine Eltern meine Schuld. Ich hätte doch früher merken müssen, dass er so einer ist. Für Deutsche bin ich ein Klischee, weil mich mein türkischer Verlobter geschlagen hat, meine Eltern schämen sich, dass ich mit einem Klischee zusammen war.

DILEK

Kangal schreibt nicht mehr, sie wartet. Sie verteidigt keine Herde, sie greift keinen Wolf an. Stattdessen will ich wissen, was zu Hause passiert, was Sina, Hilal und Tekin machen, wie es Soraya geht.

Bevor der Sprachkurs beginnt, sitze ich mit dem ersten Kaffee des Tages auf meinem kleinen Balkon. Das Handy in der Hand, auf der Suche nach Aylas Profil. Meine Cousine, meine kleine Schwester.

Kangal mischt sich ein. Sie kennt keinen Ortswechsel, wohnt im elektronischen Speicher. Was sie schreibt, kann nicht gelöscht werden. Was ich jetzt schreiben möchte, gehört nicht in ihre Welt. Für Kangal bin ich eine Chimäre, halb Schaf, halb Mensch. Sie beschützt mich und meine Freunde, und wir wissen nicht, wer Ayla heute ist.

Ich habe keinen Fehler gemacht. Der Lehrer im Sprachkurs spricht vor, ich soll wiederholen. *Ich habe keinen Fehler gemacht.* Ich kenne die Übersetzungen der Wörter, habe sie schon in der Türkei gelernt. Mein *-ma-* ist ein *nicht,* ich weiß das. Ich vermisse die Vokale, von denen meine Sprache abhängig ist. Sie sind harmonisch und dominant. Die neuen harten Wörter sind ein Kraftakt, jedes Mal wenn ich ein neues Wort bilde, in meinem Kopf, in meinem Mund. Nichts ist hier sicher, nicht einmal der Wortstamm. Ich kann mich nicht auf ihn verlassen, muss ihn neu erfinden, außerhalb der Regel. Mit *yap* befehle ich, das *-ma-* ist meine Verneinung. In meiner Sprache kann ich mich auf den Wortstamm verlassen, er ist unumstößlich. Was ich sagen will, baut auf ihm auf. Während ich *yap* sage, habe ich Zeit, darüber nachzudenken, ob ich das Gesagte mit *-ma-* ungeschehen mache. Hier muss ich mich direkt entscheiden, habe keine Zeit zur Korrektur. Ich habe mich auf die deutsche Unregelmäßigkeit eingestellt, auf die Härte, auf das direkte Entscheiden bei der Bildung jedes einzelnen Wortes. Aber die Bedeutung meiner Worte bleibt gleich, egal in welcher Sprache. Eine reicht, eine allein, die meine Sprache verstehen kann, und ich bin auch hier in Gefahr.

Im Unterricht sagen sie, dass Geflüchtete hier Probleme kriegen. Es ist nicht klar, ob sie auch mich meinen. Wir müssen unser Deutsch perfektionieren, der Akzent müsse besser werden, das Amt müsse man lernen zu überleben. Woher wissen sie, wer geflüchtet ist? Ich kann auf der Straße nicht erkennen, wer Asyl beantragt hat, wer hier Urlaub macht, wer hier geboren ist. Männer sprechen mich auf der Straße auf Französisch an, wenn ich auf Deutsch antworte, fragen sie nach meinen arabischen Wurzeln.

TEKIN

»Wo warst du heute?«

»Arbeiten.«

Sina schaut mir nicht in die Augen.

»Ich bin auf dem Weg an eurer Schneiderei vorbeigekommen, aber sie war geschlossen.«

»Spionierst du mir nach? Können wir uns nicht einmal mehr gegenseitig trauen?«

»Wo ist Baran?«, frage ich Sina.

»Zu Hause, bei seiner Tante. Ihr geht es wieder nicht gut.«

»Was wollen sie von Baran wissen?«

»Tekin, ich bin nicht dabei, wenn sie ihn verhören.«

»Aber du hast Dilek verrückt gemacht, also, was hast du ihr gesagt?«

Sie habe Dilek nur darüber informiert, was sie letztes Mal wissen wollten: *Kangal1210*. Baran kenne Dilek doch gar nicht richtig. Das habe er denen auch gesagt. »Er hat Dileks Namen gesagt?« Nein, natürlich nicht, es sei nur um *Kangal1210* gegangen. »Warum wird er dann wieder und wieder geladen?« Das wisse ich doch ganz genau. Gerade von mir habe sie gedacht, dass ich solidarisch sei. Was mir einfalle, ihm so was zu unterstellen.

Der Wind, der vom Meer über den Bosporus weht, ist kalt.

Sie fragt nach Dilek. Wie es ihr gehe und ob sie sich große Sorgen mache. »Ja, aber sie kommt zurecht.« Baran weiß nicht erst seit 2016, was es heißt, verfolgt zu sein. Und ich weiß, dass die Namen derer, die nicht mehr hier sind, genannt werden. Wer nicht mehr im Land ist, ist in Sicherheit. »Nenne zwanzig Namen und beweise, dass du keiner von ihnen bist.« Ich traue Baran mehr als Sina.

Ich kann mir genau vorstellen, wie sie auf ihn einredet. Wenn Dilek Angst bekäme und aus dem Land gehen würde, dann könnte er einen Namen nennen. Sina will glauben, dass Baran dann frei wäre. Dabei wissen wir doch, dass es so einfach nicht funktioniert. Dass das Teil der Strategie ist, uns zu zermürben.

»Wann hat er den Termin?« Der Termin sei morgen, aber sie müsse jetzt los. Sie hat Angst, dass sie ihn nicht mehr nach Hause lassen. Ich sehe noch, wie sie die Treppen zur Galata-Brücke hinaufläuft, im nächsten Moment ist sie zwischen den Fußgängern untergetaucht.

AYLA

Ich solle meinen Mann schön grüßen, sagt mein Chef und geht zurück in sein Büro. Seit dieser Woche arbeite ich mehr Stunden. Einmal im Monat werte ich die Beschwerde-Box aus. Bernhard S.: »Scheißladen, nie kriegste was du brauchst.« Stefan K.: »Sehr geehrte Damen und Herren, zu meinem Bedauern musste ich nun wiederholt feststellen, dass Ihr Tiefkühlkost-Sortiment in der Auswahl erheblich zu wünschen übriglässt. Mit freundlichen Grüßen.« Eugen P. schreibt: »Stellt ma was ein was deutsch kann diese türkengeführten läden kriegen nichts auf die reihe hab schon zweimal zu wenig geld zurückbekommen.« Ich trage die doppelte Menge Salami-Pizza für die Bestellung in die Excel-Liste. Meinen Eltern war diese Ausbildung wichtig. »Was soll mit der Firma werden, wenn ich mal alt bin?«, sagte Baba.

»Was denkst du, für wen ich das alles mache?« Er hat die Firma über Jahre aufgebaut, sich einen Ruf verdient, gute Kontakte. Als ich geboren wurde, hörte er im Dönerladen seines Freundes auf und stieg in den Großhandel ein.

»Ein Studium? Ich habe auch kein Studium gebraucht!«, sagte Baba, außerdem sei es zu teuer.

»Aber mit einem Studium könnte ich einen viel besseren Job bekommen.« Ich habe es immer wieder versucht, aber Babas Antworten waren Fragen: »Hast du jemals hungern müssen?« und »Denkst du, du bist was Besseres, wenn du studierst?« und »Schämst du dich für unsere Firma?«. Ich glaube, es ist Baba, der sich schämt. Die Klischees suchen wir uns nicht aus.

Ich kann Baba nicht erklären, was mich wirklich interessiert. Es wäre für ihn eine Bestätigung, dass ich anders sein will als er, als wir alle, also gehe ich den Weg des geringsten Widerstands. Sage nichts, wenn ich eigentlich widersprechen müsste. Wir streiten über Kleinigkeiten, die Wahrheit sage ich nicht. Baba kann seinen Freunden und Bekannten erzählen: »Kızım hat ihre Ausbildung abgeschlossen«, »Kızım ist jetzt verlobt«.

»Sicherheit«, sagten sie. Mit einer Ausbildung habe man etwas in der Hand. Wie Yusuf mich in der Hand hatte, weil er wusste, dass ich heimlich zur Uni gehe. »Wenn es dich glücklich macht«, sagte er und zahlte die Miete für mich mit.

Ich hätte Anne und Baba einfach sagen sollen, dass ich studiere.

Hätte mich streiten, das aushalten müssen. »Baba, mit der Firma gucken wir später«, hätte ich sagen können, »du bist noch jung.« Sie wären wütend gewesen, wir hätten ein paar Wochen nicht miteinander gesprochen. Vielleicht wäre das alles nur eine Kleinigkeit gewesen. Jetzt, kurz vor Ende des Studiums, ist die Lüge zu lange gewachsen. Ich packe den unterschriebenen Vertrag zur Stundenerhöhung in meine Tasche. »Wir haben uns getrennt«, sage ich meinem Chef und gehe.

DILEK

Für Osman Bey bin ich per Mail erreichbar, meine Telefonnummer ist nur noch für enge Freunde. Ich gebe die PIN ein, 64 Notifications. Natürlich hat Tekin versucht mich zu erreichen, Sina auch. Jetzt werden sie eine Nachricht bekommen, dass ich wieder erreichbar bin. Flugmodus an.

Wir wurden schon beobachtet, als wir es noch nicht wussten. Als sie es uns spüren ließen, loggten wir uns über andere Länder ein. Wir heißen anders, aber wir schreiben, was wir wollen. Ich deaktiviere den Flugmodus kurz wieder und sehe, *Tektek* ist online. Es beruhigt mich, den grünen Punkt neben seinem Namen zu sehen, er hat Zugang zu seinem Handy, er wurde nicht eingesperrt. Wenn Tekin nach Kangal Ausschau hält, wird er den roten Punkt sehen. In den Einstellungen habe ich alles auf privat gesetzt. Niemand weiß, dass ich da bin, auch meine Freunde nicht.

Kirazmuz hat mir geschrieben:
Ich habe Tektek getroffen, du antwortest ja nicht.
Mir hat er gesagt, dass es dir gutgeht. Stimmt das?
Ich küsse dich.

Wenn Sina wüsste, dass ich nicht mehr im Land bin, dann würde sie denken, ich wäre in Sicherheit. So ist es schon vielen passiert, die verraten wurden. Dann müsste ich für immer hierbleiben und könnte erst zurück, wenn.

Alles gut, auf der Arbeit ist viel los, hoffe, dass es nächste Woche weniger stressig ist.

Auf Tekin kann ich mich verlassen. Ich habe einmal gesagt, dass wir beide zusammenhalten müssen. Wenigstens wir. Wenn ich wegmüsste, weil es nicht mehr anders geht, kein Wort zu niemandem. »Güzelim,« hat er gesagt, »ich würde dich nie verraten.« Er hat das damals nicht ernst genommen, jetzt muss er.

Ich schreibe Ayla.

TEKIN

Von der Galata-Brücke bis nach Hause laufe ich knapp zwei Stunden am Bosporus entlang. Zwischendrin werde ich immer wieder auf die Hauptstraße ausweichen müssen oder in Gassen, die parallel zum Fluss verlaufen. Mein Weg am Wasser ist unterbrochen von Palästen, die heute Museen sind, Verkehrsführung, Hotels. Diese Stadt ist nicht zum Spazieren gebaut, sondern zum Unterwegssein. Ich biege ab in den Park, in dem wir uns oft getroffen haben. Damals sollten hier auch Bäume entwurzelt werden, für die Metro, und sie malten rote Kreuze auf die Stämme, bauten Eisengitter um sie herum, und die Anwohner bauten die Eisengitter wieder ab. Es dämmert schon, der Spielplatz ist noch voll, die Eltern sitzen am Rand, unterhalten sich. Auf den Wiesen, die von hellen Asphaltwegen durchzogen sind, stehen die Skulpturen der Studierenden der nahe gelegenen Kunstuniversität. Hilals Skulptur ist bestimmt zwei Meter hoch. Von weitem sehe ich nur zwei runde Formen, aber ich weiß, dass es zwei Körper sind. Zwei Köpfe und vier Arme, und alles hält sich fest, zwei Menschen halten sich. Auf dem Schild steht der Titel: »Gerçekten«.

»Kommst du zum Abendessen vorbei?« Mein Anruf ist spontan, ich habe mir vorher nicht überlegt, was ich ihr sagen will. Hilal klingt verschlafen, fragt, ob alles in Ordnung sei. »Es ist alles okay, aber ich will dir ein paar Sachen erzählen. Ich bin noch unterwegs, kann uns auf dem Weg etwas zu essen holen.«

Der Otobüs 22 braucht eine halbe Stunde bis zu mir nach Hause. Wir halten an dreizehn Stationen, fahren den Bosporus hoch, sehen ihn aber nur durch Lücken zwischen den Häusern, die am Wasser gebaut sind. Erst in Ortaköy, die Straße geht etwas bergauf, kann ich das Wasser wieder ganz sehen. Ich blicke nach Asien rüber, »eine geteilte Millionenstadt, einmalig«. So redet man über Istanbul, wenn man hier nicht aufgewachsen ist. Als ob es drüben anders wäre, nur weil es nicht mehr »Europa« heißt. Die Menschen sind geteilt, ihre Familie, ihre Freunde. Aber schuld daran sind nicht die Kontinente. Wir fahren unter der Brücke durch, die jetzt einen anderen Namen hat. Wie mächtig die Brückenpfeiler sind, fällt erst auf, wenn man vor ihnen steht. An der Bushaltestelle steigen Passagiere aus und ein, der Otobüs fährt weiter, die Türen schließen, als wir schon losgefahren sind. Wenige Minuten später fahren wir durch Arnavutköy. Alte Holzvillen aus dem Osmanischen Reich, pastellfarben gestrichen, aufwendig restauriert. Dahinter einfachere Wohnhäuser aus dunklem Holz. Auf der anderen Seite der Hauptstraße der Bosporus, die Fischer auf der Promenade. Ich habe noch nie geschafft, alle zu zählen, wenn ich im Otobüs vorbeigefahren bin. Noch zwei Stationen, ich stehe schon mal auf.

AYLA

Sehr geehrte Damen und Herren, ich interessiere mich für die von Ihnen inserierte Wohnung. Ich bin Einzelhandelskauffrau und arbeite in Festanstellung. Ich sende Ihnen anhängend meine positive Schufa-Auskunft. Über eine Rückmeldung bezüglich eines Besichtigungstermins würde ich mich sehr freuen.

Mit freundlichen Grüßen

Mein Name ist wie ein Hund, mit ihm findest du hier keine Wohnung. Heute Abend habe ich sechzehn Anfragen herausgeschickt, währenddessen drei Schoko-Croissants gegessen. Auch auf die Anfragen, die ich letzte Woche abgeschickt habe, kam keine Antwort, nicht einmal eine Absage. Anne würde sich freuen, wenn ihr kız çocuk wieder zu Hause wäre.

Aber ich bin kein Kind mehr. Mein Handy vibriert. Wer ist Kangal?

Canım, ich weiß, wir haben ewig nicht gesprochen.
Hier ist Dilek. Wie geht es dir? Was machst du so?
Ich bin gerade in Deutschland.

Bu gerçekten sen misin?????

Unser Lieblingsgericht war Fasulye nach dem Rezept unserer Anneanne.

Ich gehe in die Küche, um eine Zigarette zu rauchen, und brauche einen Espresso, muss den Kopf freikriegen, wach werden. Während die Kanne auf dem Herd steht, schaue ich wieder und wieder auf den Handybildschirm. Ich tippe ihr Profil an, *Kangal1210,* passt zu Dilek. Wäre ihr Sternzeichen, wenn es das gäbe. Sie ist groß und stark und konnte gefährlich sein. Hat mich verteidigt gegen größere Jungs, und ich habe mich immer gefragt, ob es überhaupt etwas geben kann, wovor sie Angst hat. Ihr Profil ist auf anonym geschaltet, sie hat kein Bild drin. Es riecht verbrannt, ich habe vergessen, Wasser in die Kanne zu füllen. Stelle sie in die Spüle, drücke die Zigarette aus und gehe zurück ins Zimmer. Ich tippe Herz-Emojis in allen Farben ein, die es gibt. Dann lösche ich die Nachricht wieder. Jetzt muss ich schnell sein, sie hat gesehen, dass ich geschrieben habe, und wundert sich sonst, weshalb keine Antwort mehr kommt.

Abla! Mir geht es gut, ja, ich wohne noch in der Stadt. Wo bist du? Was machst du hier?

Erzähle ich dir dann in Ruhe alles. Magst du zu mir kommen? Morgen sieben Uhr, Scheffelstraße 64. Ich koche für uns!

Wir haben damals immer auf der Terrasse gegessen. Dilek und ich durften nebeneinander sitzen, die Eltern haben, als wir jünger waren, noch viel gelacht. Es kam mir so vor, als ob die Streitigkeiten jeden Sommer schlimmer wurden. Mein Vater hielt sich zurück, aber Elif und Ezgi wurden laut. Das letzte Mal, dass wir unseren Sommer bei Dilek und meiner Tante verbrachten, schickten sie uns Mädchen direkt nach dem Essen rein. Wir haben im Wohnzimmer in unserer Ecke gesessen, gemalt, geflüstert und sie durch die geschlossene Terrassentür streiten gehört. Dilek hat den Fernseher lauter gedreht. Sie muss gewusst haben, um was es zwischen den beiden ging. Ich kenne nur die Version meiner Anne. Auf meine Nachfragen hin, auch später noch, sagte sie, dass sie nicht gut für uns seien, canım, und ich solle nicht weiter fragen.

DILEK

Die harten Kanten der Mappe, auf die ich in großen Druckbuchstaben »Unterlagen«, nicht »belgeler« geschrieben hatte, drückten sich in meine Achseln. Meine Tasche war zu klein. In der Behörde geben wir alles preis, uns selbst, unsere Vergangenheit. Für Deutschland brauchte ich ein Visum. Die Sachbearbeiterin sprach den Namen meiner Mutter nicht aus, sie tippte ihn ab, und ich fragte mich, wie lange habe ich ihren Namen nicht gehört? Den Klang ihres Namens. Elif. Ihre Sterbeurkunde konnte ich in der dunklen Hülle lassen, ganz hinten in meiner Mappe, wo ich sie nur heraushole, wenn ich muss. Die letzte Urkunde. Sie sagt nichts, außer, dass du gelebt hast und jetzt tot bist. Anne.

»Er ist weggegangen, weil er feige ist.« Das hat Anne immer gesagt, wenn ich nach meinem Baba gefragt habe. Ich war so klein, dass ich nicht einmal weiß, wie er aussieht. »Frauen wie wir sind zu stark für solche Männer«, sagte sie, »ich weiß nicht, wo er ist, wir brauchen keine Männer in unserem Leben.« Ich brauche Tekin nicht, ich will ihn. Bin nicht gegangen, weil ich feige bin. Mein Gehen ist ein anderes.

Ayla hat mir innerhalb einer Minute geantwortet. Das ist sie wirklich, ich kann nun die Fotos sehen. Auf ihrem Profil sehe ich eine junge, erwachsene Frau. Urlaub in der Türkei, letztes Jahr, Strand, ein riesiges Buffet mit aufwendig dekoriertem Essen. #Gönnung #Türkei #Türkiye #Beach #Urlaub #Vatan. Lange schwarze, lockige Haare, gebräunte Haut. Ein Foto mit einem Mann, er hat den Arm um sie gelegt, Badeshorts, Latschen, ein Shirt mit der Aufschrift »California«. Ist ihr Lächeln ein glückliches? Ein bisschen hat sie Sonnenbrand im Gesicht. Andere Fotos, vielleicht aus der Schule oder Uni, zwei Freundinnen und sie halten jeweils eine Urkunde in die Kamera. Ihre Haare hier glatt, viel länger. Auf einem anderen trägt sie ein rotes Shirt mit weißem Halbmond und Stern und eine türkische Flagge als Cape.

Auf dem Panzer stehen am frühen Morgen die Männer. Zwei von ihnen spannen eine Nationalflagge zwischen sich. Hunderte von Menschen. Sie rufen »Gott ist groß, Gott ist groß«. Sie jubeln dem zu, der keinen Namen braucht, der viele Jahre zuvor gesagt hatte, dass die Demokratie nur ein Zug sei, auf den sie aufstiegen, bis sie am Ziel seien. Sie stehen auf der Brücke, schreien sich die Seelen aus dem Leib, Erschossene liegen noch immer auf dem Boden, verbluten. Ich kann die Nationalflagge nicht mehr sehen, ohne an diesen Tag zu denken, ohne an die Toten zu denken, höre, wie Hunderte Männer »Allahu ekber, Allahu ekber« brüllen. Polizisten stehen mit auf den Panzern. Väter sind mit ihren Söhnen gekommen, sie sollen lernen, wofür es sich zu sterben lohnt. Die Putschisten sind umzingelt, in der Mitte der Brücke. Die Panzer wollen nicht schießen, dann schießen die Menschen und zertrümmern Köpfe und Leben. Seit diesem Tag ist es ein Bekenntnis, die Flagge zu tragen, und jeder in diesem Land weiß, was es bedeutet.

TEKIN

»Hättest mir auch Bescheid sagen können, dass der Balıkçı zu hat, dann hätte ich uns bei Sami Fisch geholt.« Das Wasser kocht, die Mantı schwimmen oben, Hilal sitzt hinter mir an dem kleinen Küchentisch, als ich die kleinen Nudeltaschen aus dem Topf schöpfe.

»Wann kommt Dilek?«

»Lass uns nach dem Essen reden.«

»Habt ihr euch gestritten?«

Wir reden nicht viel beim Essen, sie mustert mich, als ich auf meinen Teller gucke, puste, weil die Mantı noch zu heiß sind. Ich frage nach Neuigkeiten von Soraya. Das letzte Telefonat, sagt Hilal, war letzte Woche Freitag, dem Antrag auf Umverlegung wurde bisher nicht stattgegeben.

»Momentan ist sie in einer Zelle mit zwanzig

Frauen, ein Klo. Ich versuche alles, aber die Anwältin sagt, dass sie nicht mehr machen kann, als es jede Woche erneut zu versuchen. Ich bin satt, was hast du zu trinken da?«

Ich hole zwei Dosen bira aus dem Kühlschrank, wir sagen uns şerefe.

»Was ist jetzt mit Dilek?«

»Ich denke, sie ist durchgedreht und nach Deutschland geflogen.«

»Durchgedreht?« Hilal schlägt mit der flachen Hand auf den Tisch. Sie versteht sofort. »Wie redest du über Dilek? Sie würde niemals gehen, ohne uns etwas davon zu sagen, außer sie befürchtet etwas Konkretes.«

Dass sie mit Sina gesprochen hat, erzähle ich ihr, dass Baran wieder verhört wird.

»Sina interessiert mich nicht. Es ist egal, wer was wann zu wem gesagt hat. Das holt Soraya nicht aus dem Knast und Dilek nicht zurück.«

»Aber sie hat bei Dilek irgendwas ausgelöst.«

Wenn ich nicht auf Sina wütend sein kann, auf wen dann?

»Nein, Tekin, mach nicht diesen Fehler. Das ist genau das, was sie wollen. Dass wir uns gegenseitig verantwortlich machen. Dafür, dass wir eingesperrt werden, dass Leute verschwinden. Wenn Dilek geht, dann hat sie einen Grund dafür.«

»Hättest du es einfacher gefunden, wenn Soraya gegangen wäre, bevor sie sie verhaftet hätten?«

Vielleicht war das zu viel. Hilal nimmt einen großen Schluck Bira. Schweigt, trinkt noch einen.

»Sie hatte diese Möglichkeit nicht, aber ja, dann hätte ich vielleicht nachkommen können.«

»Und ich soll dann irgendwann auch nach Deutschland gehen? Einfach so? Was ist mit meiner Familie? Wer kümmert sich um sie, wer macht hier dann weiter?«

»Im Gefängnis wirst du anders.«

»Man kommt auch irgendwann wieder aus dem Gefängnis raus.«

»Soraya wird wieder herauskommen. Aber du wirst sie nicht mehr wiedererkennen. Ich erkenne sie jetzt schon nicht mehr wieder. Irgendwann kann man nicht mehr, ich kann nicht mehr.«

Vielleicht gibt es Terroristen. Ein Vogelschwarm, der über das Land zieht, keine Grenzen kennt. Unten am Boden kämpfen Kangallar mit Wölfen.

Wir haben festgestellt, dass Sie mit Personen im Urlaub waren, die in einer terroristischen Vereinigung aktiv sind und Präsidentenbeleidigung begangen haben. Ich zeige Ihnen jetzt ein Foto. Sie waren mit dieser Person im Urlaub, richtig? Diese Person ist wegen der genannten Straftaten inhaftiert. Was haben Sie gemacht im Urlaub? Wenn Sie gekocht haben, dann haben Sie auch gemeinsam gegessen, richtig? Worüber haben Sie gesprochen? Wieso sind Sie mit Leuten im Urlaub, die Sie nicht kennen? Was heißt auseinandergelebt? Hatten sie Meinungsverschiedenheiten? Wir können Ihre Freundin auch einladen und sie selbst fragen, wenn Sie das möchten. Oder Sie berichten uns alles, das scheint mit Ihnen und Ihrer Freundin eigentlich nichts zu tun zu haben, oder? In Ordnung, wir haben noch weitere Fragen an Sie, die die anderen betreffen. Wer ist *Kangal1210*?

Manche, die mit mir in der Zelle sind, haben mit alldem nichts mehr zu tun. Kein Facebook, kein Twitter, keine Anrufe, keine Verhöre. Keine Angst vor den Nachbarn mehr. Wir sitzen hier, dreißig Frauen in einer Zelle für fünfzehn. Vier von ihnen haben ihre Kinder dabei. Wir haben gemeinsam einen Fernseher gekauft, der immer läuft. Einige von uns legen sich, wenn die Nachrichten kommen, auf ihre Matratze, das Kissen über dem Kopf. Sie wollen nichts mehr wissen.

Nein, bin ich nicht. Ich kenne keine solchen Leute. Ja, aber ich kenne sie nicht richtig. Wir haben nichts gemacht, also wir sind im Meer geschwommen, haben gemeinsam gekocht, was man im Urlaub so macht. Ja. Wir haben über unsere Arbeit gesprochen, über die Uni, über unsere Freunde. Ich kenne diese Leute aber alle nicht. Es sind irgendwelche alten Bekannten meiner Freundin gewesen, wir sind noch nicht lange zusammen. Sie hat auch zu mir gesagt, dass sie sie eigentlich nicht mehr gerne mag, dass sie sich auseinandergelebt hätten. Deswegen wollte sie mich dabeihaben. Ich weiß nicht, um was es genau ging. Irgendwelche alten Geschichten. Nein, sie weiß auch nichts.

Einmal in der Woche dürfen wir Besuch empfangen. Meine Mutter sitzt auf der anderen Seite der Panzerglasscheibe. Sie holt ein Taschentuch heraus und wischt über den Telefonhörer, hält ihn sich mit Abstand ans Ohr. Anlamadım, canım. Sie redet sehr laut, canım? Anlamadım, ya. Ich erzähle ihr nicht, wie viele wir in der Zelle sind. Noch drei Jahre, Anne, vielleicht komme ich auch früher raus. Ich sage ihr, dass ich die meiste Zeit lese, dass ich jeden Tag Yoga mache, dass das Essen in Ordnung ist. Meinen Freunden draußen schreibe ich, wie es wirklich ist. Ich wähle Worte, die die Wärter, die unsere Briefe lesen und dann stempeln, nicht zu verstehen wissen.

Wir haben auf Ihrem Handy insgesamt sechs Kontakte gefunden, die nachweislich terroristisch aktiv sind. Woher kennen Sie die? Wieso umgeben Sie sich dann mit ihnen? Was machen Sie donnerstags um 18 Uhr? Sie waren also in der Redaktion der Zeitung in Ihrer Universität tätig? An Ihrer Universität wurden im Jahr 2016 über dreißig Dozenten verhaftet. Warum haben Sie sechs dieser Dozenten in den Jahren 2014 bis 2015 interviewt? Sie haben jetzt mehrere Möglichkeiten, und Sie wissen, was Ihnen droht, wenn Sie nicht nachweisen können, dass Sie nicht an terroristischen Aktivitäten beteiligt waren. Erste Möglichkeit: Sie reden. Sagen uns die Namen der Mitglieder der Redaktion. Wir müssen alle überprüfen. Wenn sich herausstellt, dass alle in Ordnung sind, dann haben wir hier kein Problem mehr. Wir überprüfen die Art der Kommunikation, die Sie mit verdächtigen Personen geführt haben. Wenn Sie nichts dazu sagen, dann müssen wir davon ausgehen, dass Sie uns etwas verschweigen. Und wir wiederholen unser Gespräch morgen wieder. Sie helfen uns und zeigen damit, dass Sie ein ordentlicher Bürger unseres Landes sind. Dann können Sie heute Abend Ihre Mutter umarmen und sagen »Anne, mach dir keine Sorgen um mich«. Zweite Möglichkeit: Sie schweigen. Dann muss Ihre Anne warten.

Wir kommen alle aus anderen Bezirken der Stadt, manche haben Kinder. Einzelzellen gibt es nur für Soldaten, für Richter oder bekannte Journalistinnen und Journalisten. Wir haben zusammen eine Toilette und ein Waschbecken. Keine lässt ihren Dreck liegen, wir können nur überleben, wenn wir zusammenhalten.

Nein, bin ich nicht. Mache ich nicht, wieso sollte ich? Ich kenne keine Terroristen. Ich war nur bei einem Treffen für die Zeitung.

In diesem Land gibt es noch immer Touristen. Das Wetter, das Meer, die kulturellen Angebote. Die Gastfreundlichkeit, das leckere Essen. Ist ja jetzt auch viel billiger dort. Çay-Romantik am Bosporus. Süße Straßenkätzchen. Und die tollen kulturellen Angebote! Schnorcheln an der Küste. Sonnencreme, Aprèslotion, humorvolle Eisverkäufer.

Manche essen nicht mehr. Sie verlangen einen fairen Prozess, menschliche Haftbedingungen, Freiheit. Wenn Menschen nur noch ihren Körper haben, um Widerstand zu leisten. Die, die nicht mehr essen, verhungern.

Woran ich mich festhalte: Der Gedanke an den Tag meiner Freilassung und die Briefe und Fotos, die mir geschickt werden. Ein Leben nach dem Gefängnis ist ein anderes. Ich werde keinen Job finden, die Nachbarn werden uns meiden. Sie werden Angst davor haben, uns zu kennen.

Aus den Vogelschwärmen lösen sich Einzelne, die auch auf deutschen Dächern landen. Die Universitätsleitung will Namen von kurdischen Studierenden, um sie dem türkischen Staat zu melden.

AYLA

In der U-Bahn auf dem Weg zu Dilek sind meine Finger so feucht, dass der Touchscreen nicht mehr richtig reagiert. Versuche, sie an meinem Mantel zu trocknen, um Dilek zu schreiben, dass ich gleich da bin. Ich bin lieber zu spät als zu früh, ich will sie nicht stressen. Sie will mich sehen, sonst hätte sie nicht geschrieben. Aber warum schreibt sie erst jetzt? Ich konnte mich nicht melden. Wusste all die Jahre nicht, wie eine Nachricht hätte aussehen können. Mit Anne konnte ich nicht darüber sprechen, dass ich meine Cousine vermisste. Bei uns in der Familie ist alles anders. Andere, die Verwandte in der Türkei haben, schicken Geld nach Hause, auch wenn sie keins haben, denn in Deutschland hat man immer mehr Geld als in der Türkei. Meine Eltern haben sicher nie Geld an Elif und Dilek geschickt. Dabei nennen sie die Türkei bis heute ihr Zuhause. Jetzt, wo Dilek sich gemeldet hat, schäme ich mich, dass ich es nicht vorher getan habe.

Ich habe Mousse au Chocolat gemacht, als Nachtisch, die Gläser klimpern in meinem Jutebeutel, als ich vom Sitzplatz aufstehe. Meine Mutter schreibt, fragt, ob ich zum Abendessen komme. Ich fühle mich wie eine Kriminelle, weil ich ihr nicht erzählt habe, dass Dilek da ist. Sie hätte nicht gewollt, dass ich sie treffe, zumindest nicht allein. Dann hätten wir zu dritt dagesessen, meine Mutter hätte Dilek streng angeguckt, sie ausgefragt. Bei jeder Antwort hätte sie leicht genickt, am Ende den Kopf leicht zur Seite geneigt, aber geschwiegen, als hätte sie sagen wollen: »Schade.«

Ich weiß nicht, was Dilek von mir erwartet.

DILEK

Ich freue mich auf Ayla, aber was, wenn wir uns heute nicht mehr verstehen? Wir waren damals Kinder, wir redeten nicht über Politik oder Religion oder Geld. Jetzt sind wir erwachsen. Wahrscheinlich hat sie geheiratet, hat hier eine Ausbildung gemacht. Vielleicht ist sie wie ihre Mutter. Dabei weiß ich kaum noch etwas über meine Tante, kenne nur Erzählungen meiner Anne. In allen Familien gibt es Streit um den Glauben, aber das führt doch nicht zu einem solchen Kontaktabbruch. Aber meine Mutter hat schon geahnt, wie politisch es noch werden würde. Vielleicht war sie so entschieden, weil sie wusste, sie würde recht behalten. Als klar war, dass sie sterben würde, sagte sie: »Canım, in fünf Jahren ist hier Bürgerkrieg. Du musst aufpassen.«

Ob Ayla denkt, das könnte ein netter Abend werden? Nette Abende gibt es schon lange nicht mehr, und ich werde neu für sie sein. Ich habe uns trotzdem Fasulye gemacht.

Ich höre Ayla die Treppen hochkommen. Noch ein Stockwerk, dann werden wir das Gesicht der anderen das erste Mal wiedersehen. »Willkommen« steht auf meinem Fußabtreter, in Schnörkelschrift. Wenn wir uns in den Sommern wiedersahen, hörten die Umarmungen auch am zweiten Abend nicht auf. »Maşallah, du siehst wunderbar aus. Die çocuklar sind gewachsen, ja, sie machen sich in der Schule ganz prächtig.« Ayla und ich, wir kennen das beide, aber wir kennen uns nur in diesen Sommern, die es heute nicht mehr gibt.

Ich lächle. Sie sieht so aus wie ich. Trägt heute Locken.

»Dilek? Abla?«, fragt sie. Wir stehen kurz da, gucken uns an. Sie hat einen Beutel dabei, in dem Gläser klimpern, als wir uns umarmen. »Seni özledim«, sagt Ayla. Mir steckt ein Fremdkörper im Kehlkopf. In Deutschland nennt man das »Kloß im Hals«. Ich habe sie auch vermisst.

»Du kannst deine Schuhe anlassen, canım«, sage ich. Sie guckt mich verwundert an, zieht die Schuhe aus. Wir begegnen uns das erste Mal in ihrer Sprache.

Ayla und ich in meiner leeren Küche.

»Meyve suyu istiyormusun?«

Ayla lacht, sagt: »Hangisi?«

»Apfel oder Traube.«

»Tamam, gib mir Apfel.«

»Wir reden so, wie meine Eltern nie wollten, dass ich in Deutschland spreche«, sagt Ayla, und ich verstehe nicht. »Wir reden durcheinander, wie viele damals in der Schule, die weder richtig Deutsch noch richtig Türkisch sprechen. Beni anlıyor musun?«

»Ich verstehe alles, habe in Istanbul vor ein paar Jahren B2 gemacht.«

»Dann warst du schon öfter hier?«

»Nein.«

Ich bin noch nicht so weit, um ihr von allem zu erzählen. Smalltalk habe ich perfektioniert, schon seit Jahren. Für alle Fragen habe ich passende Antworten bereit. Ich weiß, wo ich studiert habe und wo nicht. Wo ich wohne und wo nicht. An was ich glaube und an was nicht. Sogar, wen ich liebe und wen nicht.

Und ich wusste immer, was zu sagen war, um nicht aufzufallen.

»Das ist alles ein bisschen kompliziert. Komm erst mal an, später erzähle ich dir in Ruhe alles.«

Wir können nicht anknüpfen an damals, haben viele Jahre aufzuholen.

»Wie geht es deiner Anne?« Es fühlt sich falsch an zu fragen: Wie geht es deiner Mutter?

»Gut, sie wohnen noch in der gleichen Wohnung wie früher. Senin Annen nasıl?«

Ihre Mutter hat ihr nichts von dem Tod ihrer Schwester erzählt. Ich habe sie damals über Sinem kontaktieren lassen, die die Erbschaftsangelegenheiten geregelt hat. Ezgi wollte nichts haben, hat gesagt: »Ich bete für sie.« Das hat mir Sinem erzählt. Ich weiß bis heute nicht, ob sie meine Mutter oder mich gemeint hat.

»Deine Mutter hat dir nichts erzählt?«

AYLA

Nein, hat sie nicht. Genauso wenig, wie sie mir erzählt hat, was genau der Grund war, dass wir nicht mehr zu Dilek und Elif fahren konnten. Es wäre ein schlechter Start, wenn ich jetzt direkt mit diesem Thema anfangen würde. Dilek weiß sicher mehr als ich, und sie soll diejenige sein, die das Thema anspricht.

»Das tut mir so leid, Dilek.« Mir fällt nichts Besseres ein. »Ich weiß nicht, warum Anne mir nichts davon gesagt hat.«

»Du kannst nichts dafür, und mittlerweile komme ich zurecht. Weiß sie, dass ich da bin?«

»Nein.« Ich will noch irgendwas sagen, hole Luft, aber weiß nicht, was. »Nein.«

Und ich bin dankbar, dass Dilek das Thema wechselt.

»Ich habe auf deinem Profil gesehen, dass du in Izmir warst. Ist das dein Mann auf dem Foto?«

Hat sie nicht den Ring gesehen, den ich damals gewissenhaft getragen habe?

»Das war mein Verlobter, Yusuf. Hast du einen Mann?«

DILEK

Nicht zu heiraten heißt heute, die Ordnung zu stören. Anne hat immer gesagt, dass sich trauen zu lassen das Gleiche sei wie ein Vogel, der freiwillig in einen Käfig fliegt. Einmal in der Woche traf sich meine Mutter mit ihrer besten Freundin im Café, manchmal durfte ich mit. Sinem trug gerne einen cremefarbenen Hosenanzug, hatte eine lange dünne Zigarette in der Hand, kurze, rot lackierte Fingernägel. »Küllük alabilir miyim?«, fragte sie den Kellner, der sofort losging und einen Aschenbecher brachte. Sie erzählte von der Kanzlei und ihrer Arbeit, auch wenn sie nie Namen nannte. Es ging um Frauen in Scheidung und Männer, die versuchten, sie zu verhindern. Jede Woche ein anderes Schicksal, jede Woche ein anderes Kind, um das gekämpft wurde, jede Woche ein anderer Geldbetrag, der der Frau zustand.

»Aber das Schlimme ist nicht die Scheidung. Wenn Klientinnen zu mir kommen, haben sie es eigentlich geschafft. Die, die es nie aus einer Ehe herausschaffen werden, egal wie unglücklich sie sind, die werden niemals die Möglichkeit haben, in meine Kanzlei zu kommen.«

Wenn sie davon erzählte, bewegte sie die Hand mit der Zigarette hin und her, als ob das, was sie sagte, wie ein Lied dirigiert werden müsste.

AYLA

»Ich habe einen Freund, aber wir sind nicht verlobt oder verheiratet«, sagt Dilek. Mehr als ein »Ach so« bringe ich nicht heraus. Anne hat immer gesagt, dass wir nie unsere Herkunft vergessen dürften und hier so leben sollten, wie man es in der Türkei mache. »Warum sind wir dann hier?«, habe ich sie immer gefragt.

Mit elf habe ich mich in Jannis aus meiner Klasse verliebt. Wenn ich erwachsen sei, dann würde ich einen netten Mann finden, sagte Anne. Sie kämmte mir die Haare und band mir einen Zopf, ein konspiratives Treffen unter Frauen. Und wenn er ordentlich sei, dann würden sie und Baba eine Heirat erlauben. Als ich Yusuf kennenlernte, dachte ich, dass ich Glück gehabt hätte, weil ich ihn damals wollte und er einer war, den meine Eltern akzeptieren konnten. Ein Türke mit Ausbildung, seine Eltern waren traditionell, hatten ein Geschäft im Viertel. Mein Vater kannte seinen Vater. Jetzt denke ich, dass er mir nur so perfekt schien, weil es bequem war.

»Rauchst du?«, frage ich. Ich habe den Aschenbecher auf dem Fensterbrett gesehen. Dilek hält mir Tabak entgegen. »Ich habe Zigaretten, willst du eine?«

Dilek raucht schnell. Sie dreht sich jetzt eine, während ich noch die erste rauche. Ihre Hände zittern leicht, als sie das Papier mit der Zunge befeuchten will. Wenn sie einen Freund hat, aber nicht verheiratet ist, dann wird sie es nicht schlimm finden, wenn ich mich von meinem Verlobten getrennt habe. Oder sie würde ihren Freund gerne heiraten, aber es geht aus anderen Gründen nicht, seine Eltern sind komisch, oder er ist schon verheiratet. Wir sind beide Frauen, und sie wird verstehen, dass es besser ist, keinen Mann zu haben, als einen, der schlägt.

DILEK

Als Ayla mir erzählt, weshalb sie und ihr Verlobter nicht mehr zusammen sind, sehe ich ihre Unsicherheit. Sie weiß nicht, was ich von ihr halte, was ich über das Heiraten denke. Sie will, dass ich sie gut finde. Vielleicht finde ich sie noch besser, seit sie gesagt hat, dass sie sich aus der Verlobung gelöst hat. Von meinem »Das tut mir leid, canım« war vielleicht nur das »canım« echt. Das hat ihre Mutter gut hinbekommen, dass sie sich schämt, dass sie denkt, man müsse mit einem Mann verheiratet sein, um mit ihm zu schlafen.

Sie fragt, wo mein Freund sei.

»Tekin arbeitet viel und ist deswegen in Istanbul geblieben.«

Ich rede mit Ayla so, als wäre das alles hier normal. Ich lüge nicht, Tekin arbeitet viel. Das »deswegen« ist das Problem. Ich habe ein eigenes »deswegen« und weiß nicht, wie ich es ihr erklären soll. Während ich hier mit Ayla gleich zu Abend esse, wird irgendwo in Istanbul eine Akte angefertigt, und mein Name steht darauf.

Tekin hat meine Familie in Deutschland als gerici bezeichnet. Kein Wunder, nach all dem, was ich ihm erzählt habe. Meine Tante war nicht immer so, sie ist nach Deutschland gegangen, um dort eine Ausbildung zu machen. Dann wäre sie zurückgekommen und hätte wesentlich mehr verdient. Aber sie hat in der Berufsschule eine Freundin gefunden, deren Eltern aus der Türkei kamen und sie oft einluden. »Dann hat sie sich in den Bruder dieser Freundin verguckt, und bald war Ayla unterwegs. Und was macht sie? Heiratet ihn auch noch.« Elif war verletzt, weil ihre engste Verbündete nicht zurückgekommen war. Mit den Jahren wurde aus der Verletzung Wut. Vor allem konnte sie den Mann nicht leiden. »Das ist so einer, der die Türkei nur aus dem Urlaub kennt, keine Ahnung von unseren Problemen hier hat, aber meint, er wäre der türkischste Türke in Deutschland.« Als meine Mutter schon tot war und die Wahlen anstanden, ist Ismi lazım değil nach Deutschland gereist, Wahlkampf. Von den Deutschen, die einen türkischen Pass haben und zur Wahl gegangen sind, haben 63 Prozent für Ismi lazım değil gestimmt. Was soll Tekin da anderes denken? Das sind die Leute, wegen denen ich gehen musste.

AYLA

Dilek macht Fasulye wie meine Anne. »Afiyet olsun«, sagt sie. Dazu gibt es labberigen Toast. Sie scheint nicht zu wissen, wo man hier Pide bekommt.

»Ich vermisse die Türkei«, sage ich, will eigentlich sagen, »ich vermisse unser Zuhause«, aber es ist mehr Dileks Zuhause als meins.

»Was genau vermisst du?«

Ich vermisse das Abgeholtwerden am Flughafen, in ein Zuhause gehen, die Freude, sich wiederzusehen. Nach unserem letzten Besuch waren wir drei Jahre nicht dort, und danach verbrachten wir die Sommer in einem Ferienresort an der Küste, in dem Babas Schwester arbeitete. Meine Eltern hatten ein Zimmer mit Doppelbett, ich hatte ein eigenes Zimmer mit Einzelbett, nebenan. Vom Balkon konnte ich die

Badelandschaft betrachten, Liegestühle, Pool, eine Bar. Dahinter das Meer. Vor Freundinnen in Deutschland verheimlichte ich, dass wir wie Touristen in einer Ferienanlage wohnten. Die Fotos, die ich hochlud, zeigten nie den Pool, sondern nur das Meer.

»Die Leute, das Wetter, einfach die Mentalität.«

»Mentalität?«

»Ich meine damit, wie die Leute sind. Du musst nicht lange erklären, warum du was machst, es ist einfach selbstverständlich. Und die Menschen sind herzlicher.«

Sie kenne viele Menschen in der Türkei, die alles andere als herzlich seien, sagt sie, und sie meint es ernster, als ich erwarte.

»Ja, die gibt es überall.« Ich lache.

»Die Stimme der Trommel klingt aus der Ferne schön.«

»Das gibt es nicht im Deutschen.«

»Nicht?«

Und ich lache wieder, obwohl ich genau weiß, was sie mir damit sagen will.

DILEK

Davulun sesi uzaktan hoş gelir. Die Trommeln gibt es vielleicht in Deutschland nicht, ich habe sie trotzdem gehört. Wenn es schon so schwer ist, ihr zu erklären, warum ich hier bin, wie soll ich es anderen erklären. Oder ich werde hier für immer allein sein, oder kommt Tekin irgendwann nach?

»Weißt du, es ist momentan alles nicht so einfach in der Türkei.«

»Nirgendwo ist es einfach, aber ich kann dir hier helfen mit Job und allem. Du bleibst länger, oder?«

Wegen der Wohnung denkt sie das. Hier könnte ein Paar wohnen, vielleicht mit Kind. Es gibt keine Vase mit Trockenblumen, die leeren Zimmer warten auf Möbel, die Wände auf Farbe, die Herdplatten darauf, dass das Wasser überläuft, dass jemand den getrockneten Kalk mit einem Schwamm entfernt.

»Ich bin nicht hier, um Geld zu verdienen.«

»Warum dann?«

»Es ist anders schwierig in der Türkei, nicht so wie hier.«

»Was ist los, Abla?«

Sie wird Nachrichten gesehen haben, sie muss wissen, dass es Proteste gibt, Festnahmen, Verfolgung, Tote. Sie hat es zumindest durch ein Fernglas sehen können, weit weg. Anne sagte: »Das Problem an meiner Schwester ist nicht, dass sie dumm ist, sondern, dass sie durch einen Tunnel schaut, an dessen Ende sie nur ihr eigenes Gesicht sieht.«

AYLA

»Überlass das Reden denen, die das beruflich machen. Bist du Politiker oder was?« Baba war wütend.

»Nein, Baba.«

»Wir haben hier schon genug Probleme. Gehst du in die Moschee, bist du Terrorist. Sprichst du schlecht Deutsch, geh dich anpassen. Wenn du hier in Ruhe leben willst, dann kümmere dich um andere Dinge, mach deine Ausbildung fertig, hilf deinen Eltern in der Firma, finde einen guten Mann. Du hast alles, es fehlt dir an nichts. Woher soll ich wissen, was das für Proteste sind? Es ist normal, dass es manchmal zu Problemen kommt. Ich sehe hier keine, die protestieren, also? Ich kann sie nicht fragen, warum sie unzufrieden sind. Ich sehe hier auch keine von der Regierung, die ich fragen kann, warum sie auf die Leute draufhauen.« Wenn Baba wütend ist, hört er nicht auf zu reden. »Das hat nichts mit dir zu tun, das hat nichts mit uns zu tun«, sagt er, »das sind unzufriedene Menschen, das ist das Problem. Und sie haben die Nähe zu Allah vergessen, die alle.«

DILEK

Koyun gibi. Ayla kann es sich leisten, ein Schaf zu sein. Wenn ich ihr erzähle, weswegen ich hier bin, wird ihr Bild von der Türkei, nach der sie sich sehnt, zerstört sein.

»Ich bin in Deutschland, weil ich sonst im Gefängnis säße.«

Ayla lächelt nicht mehr.

»Was hast du gemacht?«

Hier hat alles seine Ordnung. Ins Gefängnis gehören nur die, die eine Gefahr für andere sind. Ein Bürgersteig hat einen Bordstein, die Wege sind sauber, die Gärten sind gepflegt. Du kannst hier nicht einfach über Nacht ein Haus bauen und dann darin wohnen. Du brauchst eine Genehmigung. In diesem Regel-Deutschland können sich die Menschen nicht vorstellen, dass alles außer Kraft gesetzt wird. Notstände kennen sie nur noch aus Geschichtsbüchern oder aus dem Fernsehen. Wenn sich unsere Mütter nicht zerstritten hätten, dann müsste ich Ayla jetzt nicht alles erklären, weil sie gesehen hätte, wie wir uns verändern mussten.

»Vor fünf Jahren gab es den Versuch, die Regierung zu stürzen. Du hast sicher Bilder davon im Fernsehen gesehen, auf der Brücke.«

AYLA

Er solle sofort nach Hause kommen, sagte Anne zu Baba am Telefon. Der Fernseher lief, sie ging davor auf und ab, ächzte immer wieder »Uff«, dabei die Hand geöffnet, mit der Innenseite nach oben, den Arm in Richtung Fernseher gerichtet. Als ob einer sich aufregen würde und sagen wollte: »Was willst du?« Aber sie sagte nur »Allah Allah«. Es sah aus wie Bilder von einer Demonstration in der Nacht, nur dass es zwei sich bekämpfende Parteien gab. Hier werden die Leute, die gegeneinander sind, von der Polizei getrennt. Aber dort gab es keine Polizei, das waren einfach Leute auf einer Autobahnbrücke in Istanbul. Die eine Gruppe mit Waffen, die andere bei den Panzern. Immer mehr Menschen kamen dazu, Männer die keine Uniform trugen, dafür türkische Flaggen. Rot gegen grün. Baba schickte Anne in die

Küche, çay kochen. Er wusste, das würde sie beruhigen.

»Wer sind die in Militärkleidung? Warum stehen sie da, es sieht so aus, als ob sie gleich schießen.«

»Das ist jetzt zu kompliziert. Geh auf dein Zimmer.«

Es war nicht der richtige Zeitpunkt, mit ihm darüber zu diskutieren. Ich wusste natürlich aus den Nachrichten von Konflikten, aber ich konnte nicht herausfinden, auf welcher Seite meine Eltern standen. Wusste nicht, was das Richtige war.

Baba lag auf dem Sofa und schnarchte, als ich mit Anne das Samstagsfrühstück vorbereitete.

»Wie lang ging das gestern noch?«

»Frag nicht.«

Baba bei seinem ersten çay, Anne und ich bei unserem zweiten Kaffee. Dass man die finden müsse, die das gemacht haben, ja, die Regierung sei schwierig, er würde ja auch nicht mit allem übereinstimmen, aber jetzt sei alles außer Kontrolle. Dass es bestimmt die einen waren, dass man sicher Beweise finden würde. Es sei doch klar gewesen, dass es nicht funktionieren würde, die Regierung zu stürzen. Wie man so dumm sein könne, und jetzt dieses Chaos.

»Das macht es nicht nur drüben für die Leute schwieriger, sondern auch für uns.«

Anne seufzte.

»Wieso? Was haben wir damit zu tun?«, fragte ich ihn.

»Ayla, meine Tochter, es ist politisch eine schwierige Situation, aber das wird wieder gut werden.«

Wichtig sei, dass ich mich da raushalte. Nicht darüber reden.

»Wir dürfen uns hier in Deutschland nicht untereinander streiten, deswegen ist es wichtig, dass wir dieses Thema in der Türkei lassen.«

Dass jemand die Regierung stürzen wollte: Fand ich das gut, oder fand ich das schlecht? Es war damals nicht wichtig, wir waren in Deutschland. Nicht in der Türkei.

DILEK

»Danach haben die Gesetze nicht mehr gegolten, höchstes erklärtes Ziel der Regierung war, die zu finden und zu bestrafen, die den Präsidenten stürzen wollten.« Sagt Ayla nichts, weil sie nichts weiß? Oder haben ihre Eltern ihr eine andere Geschichte erzählt? »Es gibt bis heute keine Beweise dafür, wer die Putschisten waren, es gibt nur Vermutungen. Die Regierung behauptet aber zu wissen, wer es war«, sage ich.

Ayla schweigt.

»Hast du keine Nachrichten geschaut?«, frage ich sie.

»Doch.«

»Das heißt, du weißt, was in der Türkei los ist?«

»Schon«, sagt Ayla, »was denkst du, wer es war?«

Ayla hat nicht verstanden, dass es um uns geht. Auch um sie.

»Ich denke, es ist nicht die Frage, wer es war. Es geht hier um mehr.«

»Können wir noch eine rauchen?«, fragt sie.

Sie nennt sich Türkin und weiß nicht einmal ansatzweise, was in ihrer »Heimat« passiert. Dass es mehr gibt als die dafür und die dagegen und dass alle aus unterschiedlichen Gründen andere gut oder schlecht finden.

Auf dem Balkon: Ihr Feuerzeug ist rot, ein weißer Halbmond und Stern darauf. Ihre Hand hüllt das Motiv ein, sie gibt mir Feuer. Sie weiß nicht, was die Flagge für mich bedeutet. Wir schweigen, gucken beide runter auf den Spielplatz. Sie traut sich nicht zu fragen.

»Ich bin keine Putschistin, falls du dich das fragst.«

Ayla dreht den Kopf, wir gucken uns in die Augen.

»Sondern?«

TEKIN

Sinems Visitenkarte ist weg. Sie lag immer auf Dileks Schreibtischablage. Ich solle ihre Nummer nicht einspeichern, hat sie gesagt: »Du weißt, was sie mit Sorayas Telefon gemacht haben, da müssen nur ein paar Kontakte gespeichert sein, die irgendwelche Verbindungen belegen.«

Was ich völlig übertrieben fand. Eine Scheidungsanwältin, was ist daran verdächtig? Zwar wurden auch Anwältinnen und Anwälte festgenommen, aber die hatten nun viele Mandanten, denen das Gleiche vorgeworfen wurde. Dilek hat im Gegensatz zu Soraya nichts unter ihrem Namen veröffentlicht. Wenn sie wollen, dann können sie sowieso jeden drankriegen. Das können wir nicht beeinflussen. Wir sollen paranoid werden. Hat auch geklappt, bei Dilek. Vielleicht hätten sie sie vorgeladen. Wir haben so oft durchgesprochen, was wir sagen würden und was nicht. Vielleicht hätten sie Soraya gehen lassen, wenn sie die Namen der anderen Redaktionsmitglieder genannt hätte. Aber sie hat alles richtig gemacht, sie hat niemanden gefährdet, sie hat einfach ihren Job gemacht. Und wenn du dann festgenommen wirst, weil das Recht ausgesetzt wurde, dann hast du alles getan. Danach geht es weiter, und du wirst dir nichts vorwerfen müssen. Die Angst musst du für dich behalten, sie darf niemals überhandnehmen. Wenn du Angst hast, versuchst du dich zu retten, dann sprichst du mit den Falschen. Verwechsle die Furcht nie mit der Angst. Natürlich habe ich Sinems Nummer eingespeichert.

AYLA

Wenn ich mit anderen über die Türkei spreche, dann geht es häufig um Familie. Das ist heikel genug, weil die einen strenger sind als die anderen. Meine Eltern sind so ziemlich in der Mitte. Durchschnittstürken vielleicht, so würden Deutsche uns nennen. Die Familie meiner Freundin Ceylan zum Beispiel ist sehr konservativ. Wir haben uns in der Berufsschule kennengelernt und sie musste nach dem Unterricht immer direkt nach Hause gehen. Manchmal, wenn wir vorgaben, lernen zu müssen, durfte sie zu uns kommen. Dafür waren Anne und ich höflich eingeladen worden, es gab çay und Kuchen. Anne wusste, es ging um Konsens. Und nickte also, als Ceylans Mutter von dem jungen Mann sprach, den ihre Tochter heiraten sollte. Ich hörte zum ersten Mal davon. Für Ceylan hing viel an dem Gespräch unserer Mütter, weil sie niemanden außer mir hatte. Melek war für sie keine Option, weil ihren Eltern andere Dinge wichtiger waren, als dass ihre Tochter eine gute Arbeit findet. Wie sollte Melek Ceylan verstehen?

Aber Ceylans Familie war auch völlig anders als meine. Vielleicht sagte ich »wir« zu Ceylan und mir, weil sie mir leidtat. Sogar Anne hatte kapiert, dass es zu hart war, die Tochter zu verheiraten.

Sie hat uns gedeckt, wenn Ceylans Mutter angerufen hat, um zu fragen, ob wir wirklich lernen würden, während wir zwei in der Stadt waren.

Melek lernte ich kennen, als wir beide in eine Referatsgruppe eingeteilt wurden. Zur Vorbereitung hatten wir uns an den Tischtennisplatten hinter der Berufsschule verabredet, was eigentlich unnötig war, weil jeder wusste: Suchte man Melek, fand man sie dort.

»Na, hat dich Baba nicht rausgelassen?«, rief sie mir entgegen. Ich war zu spät.

»Was denkst du von mir, seh ich aus, als ob ich vom Dorf komme?« Für den Satz schämte ich mich erst später. Ich öffnete ein Päckchen Zigaretten, steckte mir eine zwischen die Lippen.

»Willst du?«

»Krass, du rauchst?«

Sie nahm sich eine aus der Schachtel. Ich rauchte noch nicht lange, Shisha galt nicht, aber für solche Situationen waren Zigaretten nützlich.

»Ja klar, warum?«

»Du hängst doch immer mit Ceylan rum. Die macht das garantiert nicht.«

Wie sie darauf komme, fragte ich. Sie und Ceylan hatten nie ein Wort miteinander geredet.

»Kennst du Can, ihren Bruder?«

Manchmal holte er Ceylan bei uns ab, saß dann unten vorm Haus im Auto und wartete.

»Er ist ziemlich korrekt, wir haben eine Freundschaft-Plus.«

Sie wusste also von Ceylans Eltern, von den Heiratsplänen, von der Überwachung.

»Und wegen solchen Türken denken die ganzen Almans, dass wir Rückständige sind, auf dem Islam hängengeblieben, unsere Väter alle Döner verkaufen und alle Männer ihre Frauen boxen.«

Muslimische, gewalttätige Dönerverkäufer.

»Übertreib nicht, Ceylan kann doch nichts für ihre Familie.«

»Aber sie wehrt sich ja nicht, sie macht mit, ich weiß das von Can.«

»Can ist aber auch ein Typ, du weißt, dass die Männer mehr Freiheiten haben.«

»Siehst du«, sagte sie und grinste.

»Bei mir ist das nicht so. Du tust ja selbst so, als ob alle Türken gleich wären.«

»Nee, nicht alle, du bist nicht so, sag ich doch.«

Ich wollte unser Treffen hinter mich bringen und mit der Referatsvorbereitung anfangen.

»Nur wenn wir danach noch was trinken gehen.«

Ich hatte keine Ahnung, warum sie mit mir etwas zu tun haben wollte, und ich wusste nicht, ob ich sie überhaupt mochte. Aber sie war eben eine von uns, oder nicht.

»Okay, wohin gehen wir?«

DILEK

»Ich bin immer noch Dilek, aber die Umstände haben sich verändert.«

»Aber warum sollst du dann ins Gefängnis?«

»Weil sie das mit Leuten machen, die die Regierung kritisieren.«

»Wenn du ins Gefängnis musst, wie konntest du nach Deutschland kommen? Bist du geflohen?«, fragt Ayla. Selbst, wenn sie alles gelesen hätte, was es über die Türkei zu finden gibt, wie es sich anfühlt, kann sie nicht wissen.

»Man weiß nie, wann sie einen verhaften. Sicher sein kann man erst, wenn es zu spät ist.«

Ob das alles zu viel ist für Ayla? Ihr Handy klingelt. »Sorry, ich muss kurz dran.«

Sie ist reingegangen, und ich sitze allein auf dem Balkon. Für mich könnte der Kontakt mit ihr gefährlich werden. Wenn Ezgi noch so ist, wie ich sie in Erinnerung habe, dann gehört sie vielleicht zu den 63 Prozent. Aber immerhin, Ayla hat ihrer Mutter nicht von mir erzählt. Sie ist fertig. »Essen wir Nachtisch?«, fragt sie aus der Küche.

Wir löffeln schweigend die Mousse au Chocolat. Ob sie einen Schluck Wein trinken möchte, frage ich sie.

»Ich muss bald los, ich habe eben die Bestätigung für eine Wohnungsbesichtigung morgen Früh bekommen.«

Dass ihre Trennung noch so frisch ist, erfahre ich erst jetzt.

»Wenn ich die Wohnung nicht kriege, dann habe ich ein Problem.«

»Du kannst auch erst mal zu mir kommen« sage ich zu Ayla. »Das Zimmer, das zur Straße rausgeht, brauche ich nicht.«

AYLA

Wie sollte ich das Anne erklären?

»Übrigens, die Tochter deiner toten Schwester, mit der du gebrochen hast, ist jetzt in Deutschland. Yani, außerdem ist sie kriminell und gegen die Türkei, und ich ziehe jetzt bei ihr ein.«

Es ist schon schlimm genug, dass ich ihr nichts von Dilek erzählt habe. Anne versteht vieles aus meinem Leben nicht, aber sie liebt mich und ich kann sie einschätzen. Dilek muss ich glauben, was sie sagt, ich weiß nicht, was sie mir nicht erzählt. Und ich denke an Anne, wie sie sagt: »Die sind nicht gut für uns, canım.«

»Abla, denkst du, unsere Mütter haben über Politik gestritten?«

»Nein, ich glaube, das war komplizierter«, sagt Dilek.

»Noch komplizierter?« Ich lächle, Dilek nicht. »Das war ja damals alles noch lange nicht so«, sagt sie.

»Ich überlege mir das mit dem Zimmer. Danke, Abla.«

»Willst du morgen Abend wiederkommen?«

»Der Tag wird voll, Besichtigung, Arbeit, abends Uni.«

»Übermorgen?«

»Tamam.«

Als ich die Schuhe angezogen habe, umarmen wir uns. Dilek drückt fester als ich.

»Erzählst du Ezgi etwas von mir?«

Ich schüttle den Kopf, hadi, und gehe ins Treppenhaus.

DILEK

Heute geht es um Redewendungen. »Wenn Sie die beherrschen, dann sind Sie wirklich angekommen. Sie können damit auch die Leute beeindrucken, die vielleicht Vorurteile gegen Sie haben«, sagt der Sprachlehrer. Ich denke, hier rutschen sie den Buckel runter, verstehen nur Bahnhof und sind auf dem Holzweg.

»Kafamı yicem!«, sage ich. Redewendungen sagen nichts und alles, ich muss nichts preisgeben.

»Sie drehen am Rad?«, fragt der Lehrer. »Nein, Kafam heißt Kopf, nicht Rad. Ich esse keine Räder.«

»Ihr esst eure Köpfe?«, fragt einer.

Mein Kopf macht mich zu der, die ich bin. Lieber esse ich ihn selbst, als ihn einem anderen zu überlassen.

Im Sprachkurs haben wir alle eine Gemeinsamkeit: Unsere Muttersprache ist nicht Deutsch. Wie sind wir unterteilt? Manche kategorisieren nach Sprachen, die meisten nach Ländern. Ein anderer Türke ist im Kurs. Wir reden nicht miteinander, wir sitzen weit voneinander entfernt. Die anderen sprechen in der Pause miteinander. Wo kommst du her? Ach, da war ich auch mal. Kennst du diesen oder jenen Ort?

Keine Ahnung, aus welcher Stadt Halim kommt, warum er hier ist. Ich will es gar nicht wissen. Ich könnte davon ausgehen, dass er, gerade weil er so ruhig ist, selbst auf der Seite der Verfolgten ist. Er könnte aber auch einfach introvertiert sein. Oder er findet das, was gerade in der Türkei los ist, auch schlecht, ist aber abhängig von Verwandten hier, die das alles nicht verstehen. Oder er ist Polizist. Einer von denen, die herkommen, um eine »Fortbildung« zu machen. *Erkennung terroristischer Aktivitäten im Ausland.*

Nur weil wir eine Sprache sprechen, haben wir noch nichts gemeinsam. Nur weil wir aus einem Land kommen, haben wir noch nichts gemeinsam. Ich habe keine Angst vor Halim, aber ich bin wachsam. Mein Kopf isst mich.

AYLA

Was ich eigentlich bei Melek wolle, fragt Anne, als ich sie besuche. Zu Hause sei es immer am besten. Sie würde für mich kochen, habe das Bett in meinem alten Zimmer schon bezogen, ich könne mich endlich mal entspannen.

Dilek ist auch Familie. Ob Anne das noch so sieht, weiß ich nicht.

»Wenn Familie so wichtig ist, was war dann mit Elif damals?«

Sie schneidet weiter Paprika, ich sitze hinter ihr am Küchentisch, sie dreht sich nicht einmal um.

»Das ist etwas anderes«, sagt sie, wäscht seelenruhig die Tomaten. Ich warte.

»Es lag nicht in meiner Verantwortung, was damals passiert ist.«

»Anne, hör doch mal auf jetzt mit dem Kochen.«

Sie trocknet die Tomaten ab, alle einzeln.

»Dein Baba kommt bald nach Hause, ich will mit dem Essen fertig werden.«

»Er kommt erst in zwei Stunden, setz dich jetzt, ich habe etwas Wichtiges ausfallen lassen, um mit dir zu reden.«

»Deine Schicht ist doch schon rum, was hast du denn Wichtiges zu tun?«

»Warum habt ihr euch gestritten, damals?«

Fast hätte ich sie Ezgi genannt. Um den Ernst der Lage klarzumachen, damit sie endlich mal mit mir spricht.

Anne nimmt das Küchentuch, trocknet die Hände, setzt sich. Das Tuch behält sie im Schoß, eine Beschäftigung für ihre Finger.

»Sie mochte nicht, dass ich mich für deinen Baba entschieden habe, dass ich mich entschieden habe hierzubleiben.«

»Was war falsch an Baba?«

»Natürlich ist nichts falsch an ihm, das war alles in Elifs Kopf. Die bösen Männer, die ihre Frauen unterdrücken und über ihr Leben bestimmen. Ich wollte nicht mein ganzes Leben verbittert sein, so wie sie. Nachdem Dileks Baba verschwunden ist, hatte sie nie wieder jemanden.«

»Und du hattest dann Baba«, sage ich.

»Ich verstehe sowieso nicht, wieso sie sich hat schwängern lassen, von einem Mann, mit dem sie keine feste Verbindung gehabt hat.«

»Aber sie konnte doch nicht wissen, dass er abhaut.«

»Das hat einen Sinn, dass wir erst heiraten und dann Kinder bekommen. Das habe ich ihr auch so gesagt, ich war immer ehrlich zu ihr.«

»Aber Anne«, sage ich, »vielleicht hat sie dich einfach gebraucht.«

»Ayla, das verstehst du nicht. Sie sagte zu mir zum Abschied, die Traube werde schwarz, wenn sie eine andere betrachte. Du weißt, was das bedeutet.« Elif hat damit Baba gemeint. Dass Baba verdorben sei.

»Sie ist zu weit gegangen, Ayla. Ich dachte andersherum: Sie ist die schwarze Traube und ich wollte nicht, dass du sie betrachten musst. Deswegen war ich froh, dass du einen guten Mann gefunden hast.«

»Aber Anne, er war nicht gut, er hat mich geschlagen.«

»Ich war nicht dabei.«

»Du bist bei nichts dabei gewesen, Anne.«

»Siehst du, kaum reden wir über meine Schwester,

streiten wir uns. Ich habe einen Grund, warum ich dir nichts davon erzählt habe. Es tut uns nicht gut.«

Sie ist zurück bei den Tomaten.

»Hadi, du kannst die Spülmaschine schon mal ausräumen.«

Ich bleibe sitzen.

»Nein, ich gehe jetzt in die Uni, ich habe schon ein Seminar ausfallen lassen, um bei dir vorbeizukommen.«

»Uni? Üniversite?«

»Anne, ich bin fast fertig, nur noch zwei Semester.«

TEKIN

»Buyrun, was kann ich für dich tun, Tekin?«

Sinems Kanzlei ist in einem Altbau mit hohen Decken. Dunkelblauer Teppichboden, Pflanzen stehen in jeder Zimmerecke, rahmenlose Bilderrahmen hängen an der Wand, Schwarzweißfotos, vielleicht von Paris? Ihr Tisch ist mindestens zwei Meter lang, hinter ihr eine große Fensterfront mit Blick auf Dächer, die bis zum Horizont reichen. Istanbul hört niemals auf.

»Du kannst morgen in der Mittagspause vorbeikommen«, hatte sie gesagt. Der Terminplan sei für die nächsten Wochen voll. Eine Mitarbeiterin kommt herein, stellt eine Plastiktüte auf den Tisch. Mittagessen aus dem Restaurant im Erdgeschoss.

»Hast du Hunger?«

Sinem zieht an der Lasche aus Alu, die auf der Plastikbox klebt. Es riecht nach Lammfleisch.

»Danke, ich habe schon gegessen.«

»Was gibt es?«, fragt sie, während sie den ersten Bissen nimmt.

Es ist das erste Mal, dass ich sie alleine treffe.

»Ich muss wissen, ob es eine Akte über Dilek gibt.«

»Ist etwas vorgefallen? Warum habt ihr nichts gesagt?«

»Ich glaube, Dilek ist einfach durchgedreht und wahrscheinlich nach Deutschland. Sie denkt, dass sie nach ihr suchen, weil der Freund von Sina wieder verhört wird.«

»Verstehe«, sagt sie. »Ich gucke, was ich rausfinden kann. Geht es ihr gut in Deutschland? Soll ich Geld schicken?«

»Ich kann sie nicht erreichen, ich weiß nicht, wie es ihr geht. Aber wenn ich ihr schreibe, dass du alles überprüft hast und es keine Akte über sie gibt, vielleicht kommt sie dann zurück.«

Sinem schweigt und isst. Es klopft an der Tür, die Mitarbeiterin kommt herein, stellt zwei çay auf den Tisch und verschwindet wieder.

»Du kannst das doch herausfinden, oder?«

Sie nimmt die beiden Stückchen Zucker auf der Untertasse, lässt sie in den Tee fallen und rührt um.

»Kann ich. Trotzdem gibt es keine Sicherheit. Vielleicht gibt es heute keine Akte, morgen schon.«

»Aber das ist bei uns allen so, es können doch nicht alle Oppositionellen das Land verlassen.«

»Dilek hat eine Entscheidung getroffen, die du respektieren musst, Tekin. Außerdem wissen wir noch nicht, ob nicht doch schon etwas gegen sie vorliegt. Komm am Freitag wieder, ich sehe mal, was ich herausfinden kann.«

Mittags ist am meisten draußen los. Ich gehe Umwege, suche kleinere Gassen, niemand soll sehen, worüber ich nachdenke. Was, wenn von einem auf den anderen Tag die Regierung nicht mehr da wäre? Die Menschen wohnen hier Haus an Haus, und es ist längst nicht mehr nur eine Regierung, die alles zerstört hat. Hier wurden die Menschen lange dazu erzogen, ihre Nachbarn zu kontrollieren. Die braven Bürger wollen ihre Ruhe, und die anderen sind von der Sache überzeugt. Dieses Land war schon immer kaputt und es war schon immer gefährlich. Vielleicht nicht immer für mich, nicht immer für Dilek.

Ich denke an Baran.

Wir reden immer von dieser einen Nacht, die alles verändert haben soll. Dabei ist seit dieser Nacht nur die Zahl der Inhaftierten höher, dic Gesetze, die einen Teil von uns schützen sollten, sind ausgehebelt. Wo waren wir, als Barans Heimatstadt zerbombt wurde?

Von einer Straße laufe ich in die nächste. Niemand kann so einheimisch sein, sich hier nicht zu verlaufen. Istanbul hört niemals auf.

DILEK

Mein Kopf lag mir letzte Nacht schwer im Magen. Ayla hat mir heute ein Geschenk mitgebracht. Ein çaydanlık. Sie sagte: »Çay trinkt man nicht aus Teebeuteln.« Sie will, dass ich mich hier wohl fühle. #vatan. Ich trinke aber nur Kaffee. Auch mit Hashtag gibt es keine Heimat für mich.

Ich träume davon, auf Durchreise zu sein. Als Touristin willkommen in Deutschland – von Hanau hat man auch in Istanbul gehört. Ich wünschte, Tekin und ich wären in den Urlaub gefahren und einfach nicht mehr zurückgekommen.

AYLA

Meine Abla hat Augenringe.

»Hast du schlecht geschlafen?«

»Es ist gerade viel und anstrengend. Hast du die Wohnung bekommen?«

Habe ich nicht.

»Mein Angebot steht noch immer, du kannst erst mal hierbleiben, wenn du möchtest.«

»Es wäre schon nächste Woche«, sage ich.

»Von mir aus kannst du auch heute einziehen.«

Sie will das wirklich, es ist nicht nur Höflichkeit.

»Ich kann es Anne nicht für immer verschweigen.«

Dilek muss ahnen, dass es nicht einfach bei mir zu Hause ist, wieso hätte sie sonst gefragt, ob ich Anne von ihr erzählt habe.

»Was denkst du, wie sie reagieren wird?«

Das wird eine Explosion, denke ich.

»Familie ist ihr wichtig, sagt sie.«

Ich sage das mit einer Pause nach dem »wichtig«.

»Und dein Baba? Ich erinnere mich gar nicht an ihn.«

»Ich glaube, es ist eher eine Sache zwischen unseren Müttern.«

»Aber sie können das nicht mehr klären, weil Elif tot ist.«

Dilek nennt ihre Mutter beim Namen. Meine Anne ist meine Anne. Wenn ich sie bei ihrem Vornamen nennen würde, wäre sie beleidigt. Ich würde sie ihrer Funktion berauben, die alles für sie ist.

»Wenn du vielleicht mit ihr reden würdest? Ohne diese ganzen Terrorismussachen zu erwähnen?«

»Ich kenne sie doch gar nicht.«

Aber wir sind Familie, denke ich.

»Und es gibt keine Terrorismussachen.«

»Ich weiß, aber die Probleme, die du gerade hast, und warum du hier bist. Du könntest ja sagen, dass du nur zu Besuch bist und sie einfach gerne sehen würdest.«

»Ayla, du bist erwachsen, du musst ihr gar nichts erzählen.«

DILEK

Was würde Elif jetzt machen? Den Kontaktabbruch hat sie durchgezogen, weil sie mich schützen wollte, ganz sicher. Dabei war es, als sie noch gelebt hat, noch gar nicht so gefährlich für uns. Es fühlt sich gerade so an, als wäre Ayla zehn Jahre jünger als ich. Vielleicht bin ich irgendwie kaputtgegangen, alt geworden von diesen Jahren, die sich anfühlen wie Jahrzehnte. Ich habe keine Zeit, meine Worte zu finden, und wie soll ich denken ohne die richtigen Worte? Das Visum wird in ein paar Monaten abgelaufen sein, und dann?

»Ich habe Anne gefragt, was damals los war«, sagt Ayla, »sie sagte, dass Elif meinen Baba nicht mochte. Aber wenn du mit ihm zurechtkommst, ist vielleicht alles nicht so schlimm.«

»Das ist Unsinn, es ging um viel mehr.«

Wenn Aylas Mutter ihr ihren Baba als einzigen

Grund für den Streit nennt, dann hatte Anne recht mit allem, was sie über sie gesagt hat. Dann ist sie gefährlich.

»Ich dachte, du weißt auch nicht so genau, worum es ging?«

Ich weiß, es ging Elif um alles, wofür sie schon immer gekämpft hat: Unabhängigkeit, Freiheit. Es ging ihr um diese großen Worte, die zu groß sind und doch alles bedeuten. Ich weiß, dass nicht alle, die an den glauben, der groß gefunden wird, auch den, der keinen Namen braucht, unterstützen. Viele Gegner von Ismi lazım değil sind gläubig. Nicht alle, die gegen Ismi lazım değil sind, sind gegen Unterdrückung.

»Vielleicht ist für uns gar nicht mehr so wichtig, weshalb sie gestritten haben«, sage ich.

»Du sprichst also mit Anne?«

»Das kann ich nicht. Ich müsste wissen, wie sie über das, was in der Türkei passiert, denkt.«

»Abla, Anne ist nicht so schlimm, wie du denkst. Erst ist sie oft etwas wütend, aber am Ende hält sie zu mir.«

Denunziation kennt keine Ländergrenzen. Vor allem nicht, seitdem es Appstores gibt.

Als die App herauskam, haben wir sie uns alle heruntergeladen. Um zu wissen, wie sie funktioniert, worauf wir in Zukunft achten müssten. Auf anderen Plattformen konnte ich immer Kangal vorschicken, ging viral. Sollten sie den Post doch auf der Seite der Polizei teilen. Niemand weiß, wer Kangal ist.

Die App der Regierung braucht keine Beweise, sie frisst Namen und Fotos. Sie frisst echte Menschen und scheißt sie der Staatsanwaltschaft vor die Tür.

Dein Nachbar nervt dich? Hol das Handy raus, schreib eine Anzeige: Ich höre, wie Herr X jeden Morgen auf seinem Balkon beim ersten Tee auf den Präsidenten schimpft. So wie er klingt, könnte er eine Gefahr für das Land sein.

Aylas Anne könnte mich verraten, wenn sie mich loswerden wollte. Und selbst wenn sie das nicht wollte, könnte sie einer Freundin von mir erzählen, die dann ihr Handy zückt.

»Ich denke darüber nach, Ayla.«

AYLA

Ob mich Anne und Baba besser verstehen würden, wenn ich ihnen immer die Wahrheit erzählt hätte?

Ich hätte fragen können: »Stimmt es, dass Menschen mit schwarzen Haaren schneller stinken?« Stattdessen habe ich zweimal am Tag geduscht, mich einparfümiert. Anne schimpfte, weil das Shampoo ständig leer war. Ich hätte keine Antwort bekommen, aber vielleicht wären wir uns nah gewesen. Doch ich fragte nicht.

Melek stellte Fragen, Melek gab Antworten.

»Deine Eltern wollen, dass du was Besseres wirst, oder?«, fragte sie, als wir das erste Mal etwas trinken waren, damals nach unserem Referat.

»Was willst du von mir?«, sagte ich.

»Schon okay, wollen meine Eltern auch. Kann ich auch verstehen, weil uns nimmt man ja so schon nicht ernst.«

Melek trug so viel Wut in sich, ich sah ihre Kiefer mahlen. Ich konnte noch nicht wissen, dass sie nicht auf mich wütend war.

»In welchem Laden machst du noch mal Ausbildung? In diesem Supermarkt in Hausen, oder?«

Ich nickte. »Aber danach will ich zur Uni.«

»Hast du einen Freund?«, fragte sie.

Damals nicht.

»Aber wenn du einen hättest, ohne verlobt zu sein, wäre das wahrscheinlich schon eine Revolution bei dir zu Hause.«

Was sie sagte, versetzte mir einen Stich. Aber sie zwang mich auch, auf Fragen zu antworten, die ich mir selbst nicht stellen wollte.

TEKIN

Erreichbarkeits-Info für Ihren Anruf. Die Rufnummer ist jetzt wieder erreichbar. Diese SMS ist für Sie kostenlos.

The number you've called is temporarily not available. Lütfen daha sonra tekrar deneyin.

Dilek ist im Flugmodus. Typisch für sie, dass sie es nicht mehr aushält, ihn kurz deaktiviert, um dann im nächsten Moment wieder zu fliegen. 0049, Deutschland. Jetzt, in diesem Moment, denkt sie an mich. Ihr Handy sagt ihr: Sie haben sechzehn Anrufe in Abwesenheit. Schnell wieder Flugmodus an, Dilek bleibt unerreichbar. Nachrichten schreibe ich nicht, Nachrichten bleiben.

Wenn Sinem mir nächste Woche sagt, dass es keine Akte zu Dilek gibt, schreibe ich ihr trotzdem. Sie muss das doch erfahren. Wir sollten umziehen, wenn sie wieder da ist. Eine neue Wohnung für neue Gedanken.

DILEK

Ich liege in der Badewanne, das Wasser ist lila. Lavendel soll beruhigend wirken. Ayla musste los, erst Arbeit, dann Uni. Wenn ich mich mit allem geirrt hätte, wenn nichts gegen mich vorläge und ich dann von Aylas Anne verraten würde und deswegen nicht mehr zurückkönnte – Tekin würde mir das nie verzeihen, und ich mir auch nicht. Ich weiß nicht mehr, warum ich hier bin. Ayla ist sicher. Wenn sie Kontakt halten wollte, könnte sie in einen Flieger steigen und mich in Istanbul besuchen.

Es klingelt. Es klingelt noch einmal. Meine Haut zieht sich an der Luft zusammen, ich werfe mir ein Handtuch über. Das Wasser aus meinen Haaren tropft auf den Boden im Flur, durch den Spion sehe ich die Nachbarin, wir sind vielleicht im gleichen Alter. Ich öffne einen Spalt.

»O entschuldige, ich wollte dich nicht aus dem Bad holen.«

Ob ich es denn schon mitbekommen hätte, eine Straße weiter sei auf der Baustelle ein Blindgänger gefunden worden. Sie wolle nur sichergehen, dass ich Bescheid weiß.

»Einen Blindgänger?«

»Ja, eine alte Bombe aus dem Zweiten Weltkrieg.«

»Wie, eine Bombe?«

»Ja, das hatten wir letztes Jahr hier schon einmal, die bauen hier in der Gegend ständig neue Apparte- ments und finden die alten Dinger dann, wenn sie den Boden aufreißen.«

Sie komme in einer halben Stunde noch einmal und wir könnten zusammen rausgehen, dann wisse man vielleicht auch schon mehr darüber, wann die Entschärfung losgehe.

Ich lasse das Badewasser ab, trockne die Haare mit dem Handtuch, ziehe mich an. Vom Balkon sehe ich ein Polizeiauto am Straßenrand stehen. Ich gebe im Handybrowser »Deutschland Bombe Zweiter Welt- krieg« ein. Packe das Portemonnaie, eine Flasche Wasser, den Laptop in meinen Rucksack.

Mitten in einem dichtbesiedelten Frankfurter Wohngebiet ist am Mittag eine 500-Kilo-Bombe aus dem Zweiten Weltkrieg gefunden worden. Alle sich im Umkreis der Evakuierungszone befindlichen Bewohner werden umgehend gebeten, ihre Wohnungen zu verlassen und sich ausserhalb des Gebiets aufzuhalten. Weitere Informationen folgen.

AYLA

Heute will ich mit Melek reden. Nicht über Dilek, aber über ein paar Dinge, die uns seit unserer Jugend beschäftigt haben. Wir trafen uns sogar einige Male zu dritt, mit Ceylan. Wahrscheinlich weil Melek mich mochte und ich Ceylan immer verteidigt hatte. Wenn Ceylan dabei war, sagte Melek nichts über Religion und nichts über Tradition. Sie hatte verstanden. Melek war nicht alles so egal, wie sie immer vorgab.

Ich bringe ihr einen Kaffee ans Bett. Sie schläft noch.

»Hey, ich muss gleich los. Können wir noch kurz reden?«

»Was gibt's?«, fragt sie und dreht sich zu mir um. Ich sitze auf der Bettkante, ihre Augen sind noch ganz geschwollen.

»Denkst du, es ist gefährlich, in die Türkei zu fahren?«

»Was? Wie kommst du jetzt darauf?«

»Ich weiß nicht, ich habe in den letzten Tagen in den Zeitungen so Sachen gelesen«, sage ich.

»Ayla, es ist noch viel zu früh für solche Themen!«

Ich habe keine Zeit zum Warten. Wie es wirklich ist, kann ich nicht allein herausfinden. Ich google, ich lese, ich versuche zu prüfen. Aber ich kann mir nicht sicher sein, was das alles bedeutet. Wer wird eingesperrt und warum? Warum werden manche eingesperrt und andere nicht?

Melek hat mir die Tasse abgenommen. Hat sich aufgesetzt und nimmt einen Schluck.

»Ist doch nichts Neues, dass es drüben politisch scheiße ist«, sagt sie und erwartet eine Antwort von mir.

»Nein, aber wie gefährlich ist es, was denkst du?«

»Keine Ahnung, aber nicht so sehr, wie manche sagen. Wenn du von hier bist, dann sowieso nicht.«

»Und wenn ich nicht von hier wäre?«

»Wieso fragst du dich das? Also meine Familie in der Türkei ist nicht im Knast, und die sagen alle, was sie denken.«

Ich schweige.

»Hat das was mit deiner Cousine zu tun? Die vor ein paar Tagen für einen Job nach Deutschland gekommen ist?«

»Nein, das hat nichts mit ihr zu tun. Außerdem reden wir in der Familie nicht über Politik. Du weißt doch, wie meine Eltern sind.«

DILEK

Lucy, die Nachbarin, klingelt wieder. Sie trägt einen Wanderrucksack auf dem Rücken.

»Mein Lieblingsitaliener liegt außerhalb des Evakuierungsbereichs, wir könnten etwas essen gehen.«

Wir laufen Richtung Eschenheimer Anlage. Hier hört die Evakuierungszone auf, Familien, Paare, einzelne Leute haben es sich mit Gepäck auf den Bänken bequem gemacht. Stadtteilpicknick für alle, die keinen anderen Ort haben, an den sie gehen können. Eltern packen belegte Brote aus, eine alte Dame nippt an ihrem Kaffee to go. Wir laufen an Grüppchen von Leuten vorbei, ein junger Mann sagt zu einem anderen: »Ich fahr gleich los ins Exil, zu meiner Tante.«

»Wie lange dauert so was normalerweise?«, frage ich Lucy.

»Alle Entschärfungen, die ich mitbekommen habe, waren irgendwann gegen späten Abend durch.«

Lucy entschuldigt sich, sie wolle kurz ihren Eltern Bescheid geben.

Ich gucke auf mein Handy, Ayla hat geschrieben.

Abla, du bist in der Bombenzone. Hast du es mitbekommen, bist du raus?

Und zwei Anrufe von ihr in Abwesenheit.

»Alles in Ordnung, ich gehe mit meiner Nachbarin zu Abend essen, melde mich.«

»Tamam, halt mich auf dem Laufenden.«

Der Alleenring ist abgesperrt. Polizistinnen auf Motorrädern halten Autos auf, die ins gefährdete Gebiet wollen. Wir hören die Lautsprecherdurchsagen, die vor dem Blindgänger warnen. Richtung Messe sei eine Unterkunft für alle eingerichtet worden, die keine Bleibe haben.

»Hast du auch deinen Eltern Bescheid gegeben?«

»Nein, aber meiner Cousine.«

Wir laufen schweigend nebeneinanderher. Ich merke, dass ich Lucy nichts zu erzählen habe, das Schweigen wird unangenehm. »Was machst du eigentlich beruflich?«, fragt sie dann.

Lucy kennt meinen Namen, er steht auf dem Briefkasten und auf dem Klingelschild. Sie hat keinen

Grund, mich zu verraten, aber vielleicht würde sie einer Freundin von mir erzählen.

»Du, meine neue Nachbarin, die ist aus der Türkei, eine ganz Liebe. Und stell dir vor, die kann gar nicht mehr zurück, die ist quasi geflüchtet.«

Vielleicht würde die Freundin sagen »Ach, das ist ja krass. Bei einer von der Arbeit ist das genauso, vielleicht könnten wir die beiden ja mal bekannt machen.«

Oder: »Also mir haben türkische Freunde gesagt, dass das alles total übertrieben ist. Und weißt du, wenn man in der Türkei wirklich gesucht wird und eingesperrt, dann ist da in der Regel auch was dran.«

Dass ich am Computer arbeite, sage ich. »Datenverarbeitung.« Ich gucke auf das Handy. »Tut mir leid, aber ich glaube ich muss zu meiner Cousine, ihr geht es gerade nicht so gut.«

AYLA

»Natürlich sollst du studieren, wenn das dein größter Wunsch ist«, sagt Anne. Sie hat ein schlechtes Gewissen. Eigentlich hätte ich nach der Arbeit direkt in die Uni gemusst, aber sie wollte unbedingt, dass ich auf einen Kaffee vorbeikomme.

»Ich habe eine Überraschung für dich«, hat sie mir geschrieben.

Sie legt eine Schatulle aus schwarzem Leder auf den Tisch.

»Du weißt, ich bin nicht freiwillig nach Deutschland gekommen. Unser Vater wollte, dass Elif und ich hier eine Ausbildung machen, damit wir in der Türkei eine bessere Zukunft hätten.«

»Warum seid Elif und du nicht zusammen hergekommen?«, frage ich.

»Elif hatte keine Lust auf eine Ausbildung. Sie

wollte in der Türkei bleiben, studieren, sich nichts sagen lassen.«

»Und was wolltest du, Anne?«

»Ich hatte Angst, in ein anderes Land zu gehen, aber ich war sicher, dass mein Vater das Richtige für uns wollte.«

»War es denn das Richtige?«

»Ja, aber es war anders, als ich es mir vorgestellt hatte. Mein Plan war, die drei Jahre in Deutschland zu bleiben und dann zurückzugehen. Ich wollte auch studieren, aber erst wollte ich Sicherheit, einen Job. Und ich wollte, dass unsere Eltern sich nicht sorgen mussten.«

»Wieso war es anders in Deutschland, als du gedacht hast?«, frage ich Anne.

»Ich kam nicht direkt nach Frankfurt, sondern musste in diese bayerische Kleinstadt, weil unser Vater dort einen Bekannten hatte. Vor dreißig Jahren war das alles noch nicht so wie heute. Vor allem nicht in so einer kleinen Stadt.«

»Dort hast du aber Baba kennengelernt.«

»Mit Baba habe ich in Deutschland meine Wärme gefunden. Weil er hier aufgewachsen war, kannte er viele, und er wusste, wie man mit den Deutschen umging, die uns hier nicht haben wollten.«

Die gibt es auch heute noch, denke ich mir, aber sage nichts, weil mir klar ist, dass Anne das auch weiß.

»Es war nicht einfach, meinen Vater von der Heirat zu überzeugen, weil er Angst hatte, dass ich nicht zurückkommen würde. Aber dein Baba wollte nach seiner Ausbildung mit mir kommen. Dann wurde ich mit dir schwanger. Wir brauchten Geld, und Baba fing im Laden seines Vaters an.«

»Hier«, sie schiebt die Schatulle über den Tisch. »Den hat Baba mir geschenkt, zu meiner Prüfung, die ich nie geschrieben habe.«

Die Schatulle ist mit dunkelblauem Samt ausgekleidet, ein goldener Kugelschreiber liegt glänzend in der Einlassung.

»Anne, das musst du nicht machen.«

Ihr Mund lächelt nicht, aber ihre Augen.

»Ich hatte einen Grund, mit der Ausbildung aufzuhören«, sagt sie. »Wenn du Familie hast, dann hast du Verantwortung. Das haben unsere Eltern uns beigebracht, das gebe ich an dich weiter.«

Hätte ihr Vater sie nicht nach Deutschland geschickt, wäre ich nicht auf die Welt gekommen. Das waren andere Zeiten, sage ich mir. Anne wusste es nicht besser. Sie hatte keine Perspektive.

Wieso sie die Ausbildung nicht weitergemacht hat, als der Laden lief, frage ich nicht, kenne die Antwort. Anne will es allen recht machen.

»Anne, ich werde die Firma nicht übernehmen.«

»Dann musst du dich für einen anderen Schwerpunkt in deinem Leben entscheiden. Menschen brauchen etwas, das sie leitet.«

Ich gehe alle Möglichkeiten durch. Ich habe keine Antwort, die sie zufriedenstellen wird.

»Danke, Anne, ich muss los. Ich sage Bescheid, wenn ich weiß, was mich leitet.«

TEKIN

Alles hat zugemacht, alle Orte, an denen wir unbeschwert waren, sind weg. Sie existieren, wenn überhaupt, nur im Geheimen, wie die Worte gegen ihn. Jetzt bin nur noch ich hier, zwischen den geschlossenen Cafés, den Buchläden, den Kneipen. Alte Häuser werden abgerissen, neue Gebäude wachsen in den Himmel. Aber wenn du in Istanbul ein Loch gräbst, dann kommst du in Byzanz wieder heraus.

Anfang der Zweitausender sollte das Metrosystem ausgebaut werden. Damals rissen sie bei Yenikapı den Boden auf, Endstation. Drei Meter unter dem Meeresspiegel fanden sie osmanische Werkstätten. Sechs Meter unter dem Meeresspiegel schliefen neolithische Leichen in ihren Gräbern, neben Tierskeletten, Fundamenten aus der Spätantike, Kaianlagen. Dazwischen ein alter Hafen, dessen Existenz man sich vorher nicht sicher war. Ein Hafen mit 37 Schiffwracks. Acht Jahre haben sie gegraben, die Schiffe geborgen und Teile von ihnen im Museum ausgestellt.

Was auf diesem Boden passiert, lässt sich auf Dauer nicht geheim halten. Und wenn es sich jetzt nicht ändert, dann in hundert Jahren, und wenn in hundert nicht, dann in tausend.

Dilek, das hört nicht auf, nur weil du unsere Stadt verlässt. Aus der Ferne sieht man die Risse in der Mauer nicht, die wir zu Löchern machen werden.

DILEK

25 000 Anwohner sind einen halben Tag im Exil. Ich bin nur spazieren.

> *Erleichterung nach Bombensprengung in Frankfurt. Anwohner können in ihre Wohnungen zurückkehren.*

Meine Bleibe ist kein Zuhause. Mich kann man nicht mehr vertreiben. Nichts würde mir fehlen, wenn diese Wohnung nicht mehr da wäre. Sie würden nichts von mir in den Trümmern finden.

TEKIN

Material, aber keine Akte. Keine Akte. Es gibt keine Akte über Dilek. »Ganz sicher kann man nie sein«, sagt Sinem. Bis zum heutigen Tag gibt es keine Akte, bis zum heutigen Tag ist Dilek weg.

Dileks pasaport numarası ist sauber. Ihre Freiheit beruht auf dieser Nummer. Und Sinem ist gründlich, das weiß Dilek. Deswegen hat sie auch so lange gebraucht. So sehe ich das.

The number you've called is temporarily not available. Lütfen daha sonra tekrar deneyin.

Ich solle noch warten, sagt Sinem. Warten, worauf?

»Hast du sie gefragt, wie es ihr geht? Ist sie in Ordnung?«

Dass ich sie nicht erreiche.

»Ich weiß, dass du das nicht hören willst, Tekin, aber vielleicht hat Dilek dir nicht alles erzählt.«

»Dilek hat keine Geheimnisse vor mir.«

Was denkt sie, wer sie ist? Wem soll man hier noch trauen, wenn nicht einander?

»Ich kenne Dilek«, sagt Sinem, »seit sie geboren ist. Ich kenne Elif, seit ich zehn Jahre alt war. Dilek ist keine, die den Mund hält. Ich sage nicht, dass es Absicht war.«

Sie verschweigt mir etwas. Mit Absicht kann man hier schon lange nichts mehr tun.

»Es gibt aber keine Akte?«, frage ich sie.

»Nein, momentan nicht. Ich kann aber nicht ausschließen, dass es eine geben wird.«

»Was heißt das, Sinem? Ich brauche eine Antwort, auf die ich mich verlassen kann!«

»Ich habe alles getan, was ich konnte. Mehr weiß ich bisher auch nicht.«

»Was soll ich dann mit dieser Information? Antworte mir!«

Sinem hat null Toleranz für Männer, die ihre Stimme erheben.

»Yapma, Tekin.«

Sie bewegt sich nicht, ihre Augen fixieren mich.

»Du gehst jetzt besser.«

»Warte, was meintest du mit Material? Was für Material?«

»Geh jetzt, Tekin.«

DILEK

Tagsüber ist Ayla immer unterwegs, der Abend ist unsere gemeinsame Zeit. Nur manchmal fährt sie zu ihren Eltern oder trifft sich mit einer Freundin. Vor sechs Wochen ist sie eingezogen. Ich wüsste gerne, mit wem sie unterwegs ist, aber sie bringt niemanden mit in die Wohnung, weil sie weiß, dass ich Angst habe.

»Warum ich hier bin, sollte niemand wissen«, habe ich ihr gesagt.

»Ich sage einfach, du bist zu Besuch, wenn jemand fragt. Mach dir keine Sorgen.«

Täglich überprüfe ich online, ob mein Pass noch angezeigt wird.

»Dein Pass ist online?«

»Ja, wenn er online nicht mehr sichtbar ist, ist der, den du im Portemonnaie hast, für den Staat nichts mehr wert.«

»Aber bei deinem ist alles in Ordnung?«

»Bisher schon, aber das kann sich jede Minute ändern. Die wissen, dass die Leute ihren Pass-Status im Blick haben. Manchmal sieht auch alles gut aus, und in Wirklichkeit haben sie schon einen Haftbefehl fertig gemacht. Wenn du ihn nicht mehr abrufen kannst, dann wollen sie, dass du es weißt.«

»Abla, das klingt wie aus einem Film.«

»Wenn das alles nicht echt wäre, dann wäre ich nicht hier, Ayla.«

»Dann hätten wir uns aber wahrscheinlich auch nicht wiedergefunden«, sagt sie.

Für Ayla bin ich ein Geheimnis. Für mich sind Geheimnisse überlebenswichtig. Heute vertraue ich Ayla, heute ist mein Pass online, aber ich weiß nicht, was morgen sein wird.

Heute vertraue ich Ayla, obwohl sie gestern Abend sagte, dass ihr Baba sie nach Hause gefahren habe.

»Wie? Er hat dich gefahren? Hierher?«

»Nein, ich habe ihm gesagt er soll mich am Hessendenkmal rauslassen, weil ich noch etwas einkaufen will. Abla«, sagt sie, »mach dir nicht so viele Sorgen.«

Vielleicht bin ich paranoid geworden und sie hat recht.

Heute vertraue ich Ayla, über alles andere denke ich morgen nach.

»Ich bin heute Abend mit Melek unterwegs, komme deswegen erst spät«, ruft sie aus dem Bad.

»Was habt ihr vor?«

Jetzt steht sie im Türrahmen, eine Spur ihres Parfüms weht in die Küche.

»Wir wollen etwas trinken gehen. Warum fragst du?«

Melek kann mir nicht gefährlich werden, wenn sie nicht weiß, warum ich hier bin. Das will ich heute Abend denken.

»Meinst du, ich kann mit?«

AYLA

Melek findet Türkei scheiße. Wenn sie von »Türkei« spricht, meint sie nicht nur das Land oder die Menschen. Ich bin mir nicht ganz sicher, was sie damit meint.

Ich habe Dilek erzählt, wie Melek ist. Vielleicht hat sie deswegen gefragt, ob sie mitkommen kann, weil ihr klargeworden ist, dass sie keine Angst haben muss.

Sie sitzt schon am Tisch, als Dilek und ich kommen.

»Ihr seht aus wie Zwillinge«, ruft sie uns entgegen. Verkneift sie sich das »Vallah«? Sie drückt mich und drückt Dilek. Drei Freundinnen, die sich treffen. Dilek lächelt, aber ihre Schultern bewegen sich nicht, wenn sie spricht. Sie wird sich entspannen, wenn sie merkt, dass Melek eine ist, auf die man sich verlassen kann.

Der Kellner nennt uns »Señoritas«, Melek verdreht die Augen.

»Wie findest du es in Deutschland?«, fragt sie und sitzt da wie ein Boss. Das rechte Bein auf dem linken abgelegt, so, dass ein Dreieck in ihrem Schoß entsteht.

Dilek überlegt. Melek zieht an ihrer Zigarette, so weit im Stuhl zurückgelehnt, dass ich mich frage, ob ihre Lehne, anders als unsere, elastisch ist.

»Ich weiß noch nicht, aber es ist schön, dass Ayla hier ist.«

Dilek sieht mich an, lächelt, auch als ob sie mich fragen wollte, ob ich ihr wirklich nichts erzählt hätte.

»Sie ist wegen eines Jobs hier, wie lang, ist noch nicht klar«, habe ich ihr gesagt. Melek hat nicht weiter nachgefragt. Sie nimmt die Sachen so, wie sie kommen.

»Ganz ehrlich, hier ist es fast schlimmer als drüben«, sagt Melek.

»Was meinst du?«, frage ich und hätte es am liebsten direkt wieder zurückgenommen. Das sollte nicht das Thema sein. Oder es ist gut, weil Dilek so hört, dass Melek auch gegen die Regierung ist.

»Die Politik, okay, die ist schlimmer in der Türkei. Aber die Leute hier, die sich Türken nennen, die sind konservativer als der Staat persönlich.«

»Ja, aber nicht alle«, sage ich. Melek schüttelt den Kopf. »Nicht alle, okay, aber die anderen haben Schiss. Tun so, als ob man drüben direkt eingeknastet wird, wenn man mal was sagt.«

Ich schaue unauffällig zu Dilek.

»Ich sehe das anders«, sagt Dilek. »Das mit dem Inhaftiertwerden geht schneller, als du denkst.«

»Aber ich kenne so viele, die fahren jedes Jahr. Niemandem ist etwas passiert. Und die sagen alle, was sie denken.«

Dileks Schultern bewegen sich. Aber nur kurz nach oben. Als ob sie »na dann« sagen würden. Dann sinken sie zurück, in die gleiche reglose Haltung.

TEKIN

Sinem kann Akten wälzen, aber Sinem hat keine Ahnung von Gefühlen. Ich weiß, Dilek wird tun, was sie für richtig hält. Um das zu wissen, brauche ich keine Sinem.

»Keine Akte ist gut«, sagt Hilal und öffnet die erste Dose bira. »Aber Material? Meinst du, es geht um Kangal?«

»Ich weiß es nicht, vielleicht rede ich doch noch einmal mit Baran«, antworte ich ihr.

»Das wird nichts bringen. Material ist Material, und keine Akte ist auch keine Sicherheit.«

»Ich werde Dilek trotzdem schreiben«, sage ich.

»Was willst du ihr sagen?«

»Dass es keine Akte gibt, aber vielleicht Material.«

Wir wissen beide, dass es immer erst Material gibt, das sie untersuchen. Dann kommt die Akte.

»Hast du mal darüber nachgedacht, auch zu gehen?«, fragt Hilal.

»Du weißt, wieso das nicht geht.«

Elif und Dilek waren eng, aber nach Elifs Tod war Dilek nur noch für sich selbst verantwortlich. Sie musste sie nicht zurücklassen. Meine Eltern sind alt, ich gehe nirgendwohin. Ich will erleben, dass Soraya wieder freikommt, dass wir, Dilek und ich, dabei sind, wenn es passieren sollte, dass, was wir tun und was wir tun werden, etwas verändert. Ich will nicht in einem anderen Land sitzen und in den Nachrichten davon hören.

»Außerdem weißt du auch, dass nicht jeder gehen kann.«

Hilal widerspricht mir nicht. Sie weiß, dass Dilek sparsam war und dass sie geerbt hat.

Ich habe mit Sinem geredet, es gibt keine Akte. Eventuell Material. Ich versuche, mehr darüber herauszubekommen. Ich vermisse dich.

Ich sende die Nachricht ab.

DILEK

Mit Ayla und Melek am Tisch in einer vollen Kneipe werde ich das Smartphone nicht aus der Tasche holen. Die Vibration spüre ich durch die Handtasche hindurch. Ich muss vergessen haben, den Flugmodus wieder anzustellen, als ich nachsehen wollte, wann die Bahn kommt. Seit ich hier bin, ist Kangal online nicht mehr aktiv. Als ich noch dort war, wurde mein Tag von Mitteilungen unterbrochen. Kangal wurde erwähnt, Kangal wurde zitiert. Kangal wurde geteilt und neu geboren. Kangalteilung. Mitose ohne DNA, denn diese Kangallar kennen kein Erbgut.

Ich spürte die Vibration, als *beyaz_lüle* festgenommen wurde.

Seit ich hier bin, keine Mitteilungen mehr. Nur einmal, Sinas Nachricht. Sonst nur ich, allein mit den

Gedanken, die sich im Kreis drehen, bis ich eine Entscheidung treffen werde.

Melek spricht jetzt von einem Cousin, der zweimal im Jahr in die Türkei fliegt. Er sei politischer Aktivist und organisiere regelmäßig Vorträge über das türkische Regime. Selbst ihm sei nie etwas passiert. Ayla versucht seit einer Viertelstunde, das Thema zu wechseln.

Melek liegt falsch mit dem, was sie sagt. Dass alles nicht so gefährlich sei, wie alle sagen, das können nur die behaupten, die es nicht erlebt haben: wie es ist, wenn du bei jedem Atemzug, vor jedem Wort, das du sprechen möchtest, eigentlich innehalten müsstest. Wenn du bei allem, was du machst, vorher prüfen musst: Ist es hier sicher? Das Leben fließt nicht mehr, es wird klebrig, bleibt hängen, es wird ständig unterbrochen, und manchmal vergisst du sogar zu atmen.

»Alles okay, Abla?«

»Alles gut«, sage ich, »ich bin schon sehr müde.«

Wenn mir das Atmen hier auch so schwerfällt, warum bin ich dann weggegangen?

Als ich um die Ecke bin, sehe ich auf das Handy. *Tektek*. Ich lese die Nachricht, lese noch einmal, bleibe stehen. Ein grüner Punkt neben *Tekteks* Namen. Über solche Dinge schreibt man nicht online.

Tekin, wie ich seine Wangen streichle, die Stoppeln im Gesicht, im Urlaub lang genug geworden, dass sie nicht kratzen. Tekin, wie er in der Küche sitzt, mir das riesige Loch in meiner Lieblingshose näht. Tekin und ich, wie wir diskutieren, wie wir Argumente ausprobieren. Tekin und ich auf der Terrasse, mein Fuß auf seinem Schoß. In dieser Nacht ist es so warm, nicht einmal die Meerluft kühlt. In einer Hand das Kühlpack, das er an die Brandblasen drückt, mit seiner anderen streichelt er mir über das Bein. Ich stelle mir vor, wie er in unserer Wohnung sitzt und »Ich vermisse dich« eintippt.

Wenn einem das Gesicht heiß wird und die Traurigkeit den Hals hochklettert, schnell an etwas anderes denken. Mit allem, was man hat. Das ist die Gewalt, die ich mir antun muss, um weitergehen zu können, und in Deutschland habe ich das perfektioniert. So lange an etwas anderes denken, bis ich dort angekommen bin, wo ich atmen kann.

AYLA

»Gehen wir noch tanzen?«, fragt Melek. Und ich sage ja, obwohl ich nur an Dilek denke, seit sie nach Hause gegangen ist. Aber ein Gespräch jetzt wäre zu viel für mich und für sie auch, sonst hätte sie mir gerade nicht geschrieben: »Alles okay, bin wirklich müde. Genieß die Nacht. Öptüm.« Ich schreibe einen Kuss zurück, als Emoji.

»Habe ich was Falsches gesagt, oder war sie wirklich müde«, fragt Melek.

»Nein, alles gut, sie hat lange gearbeitet heute«, lüge ich und habe doppelt ein schlechtes Gewissen. Weil vielleicht hat Melek schon ein bisschen recht, denke ich, und Dilek macht sich viel mehr Sorgen, als sie müsste.

Im Club ist Melek ausgelassen. Sie, die Techno-Beats und die Tanzfläche sind eins, aber ich fühle es heute nicht und stehe mit meinem Gin Tonic am Rand. Als das Strobo angeht, vergeht die Zeit noch langsamer, weil die Bilder zerschnitten werden und eingeteilt, und ich schaffe es nicht, meine Gedanken in einer Lichtpause unterzubringen.

TEKIN

Ich habe keine Antwort von Dilek erwartet und keinen Zuspruch von Hilal. Wenn das Material etwas mit Baran zu tun hat, werde ich es herausfinden.

Sina ist in der Schneiderei, ich kann sie von draußen sehen, stehe mit einem Kaffee auf der anderen Straßenseite und warte. Er ist spät dran, Sina blickt immer wieder auf ihre Uhr. Mittags kommt Baran oft in den Laden, heute ist es schon fast Nachmittag, als er durch die Tür geht. Von draußen sehe ich, wie sie sich umarmen, wie Sina den Laden abschließt und das Schild umdreht. »Gleich wieder da.«

Ich warte eine Dreiviertelstunde, bis Baran wieder zur Arbeit geht, laufe ihm hinterher, bevor ich ihn anspreche. »Ich bin es, Tekin«, sage ich, als wir schon ein paar Straßen weiter sind. Baran dreht sich um, ich habe ihn erschreckt, dann lächelt er, ohne sich zu freuen.

»Wir haben uns ewig nicht gesehen, mein Freund«, sagt er.

»Was machst du hier?«, frage ich ihn.

»Ich habe Sina zum Mittag besucht. Du?«

Ich erzähle ihm von einem Buch, das ich seit Wochen zu bekommen versuche, in dem Buchladen an der Ecke sollen sie es haben.

»Ich habe das zu Hause, ich kann es dir ausleihen«, sagt er.

Er sieht gehetzt aus und so, als wäre das mittlerweile sein Grundzustand. Die hochgezogenen Augenbrauen, die nervösen Mundwinkel, er scheint es selbst nicht zu bemerken.

»Ich weiß, dass du genug Probleme hast, aber ich muss dich etwas fragen«, sage ich ihm.

Er schaut mich an, als ob er das erste Mal davon gehört hätte.

»Nein, es gibt keine Probleme«, sagt er und biegt rechts in eine Seitenstraße, in die ich ihm ebenso selbstverständlich folge. Wir laufen nebeneinander wie zwei Bekannte, er möchte nicht sprechen, nicht auf der Straße. Nicht dort, wo andere Menschen sind. Und er geht schneller und sagt: »Da vorne ist mein Büro. Lass uns erst reingehen.«

DILEK

Ayla schläft noch. Ich habe in der Nacht gehört, wie sie zurückgekommen ist. Sie ist leise ins Bad und dann in ihr Zimmer. Damals war ich die, die leise war, als sie schon geschlafen hat. Ayla hat als Kind viel geredet. Und wenn sie dann nach einem langen Tag weggedöst war, habe ich sogar ein bisschen die Ruhe genossen. Ayla und ich auf dem Sofa, Elif und Ezgi auf der Terrasse. Als wir noch viele waren, hatten wir trotzdem nur uns. Vier Frauen, zwei Mütter, zwei Töchter. Wenn Aylas Baba da war, stritten unsere Mütter schneller. Nach diesem einen Sommer gab es nur noch Anne und mich.

Ayla kommt in die Küche, ein Abschminktuch in der Hand.

»Dazu kam ich gestern nicht mehr«, sagt sie. Kaffee ist gekocht, ich habe mich auf Reden eingestellt, auch wenn mein Kopf bei der Akte ist und bei Tekin und bei mir.

»Ich habe vergessen, dass ich in die Uni muss«, sagt sie, gießt sich eine Tasse Kaffee ein und will wissen, ob es mir okay geht. Ich nicke.

»Sprechen wir nachher?«

»Machen wir.«

Seit meinem Flug nach Deutschland spreche ich zu Tekin in meinen Gedanken, wie ich mit Elif rede, seit sie nicht mehr da ist. Wie eine Welt einfach aufhört. Es kann doch nur weitergehen, wenn wir zusammen sind. In Deutschland gibt es kein Zusammen.

»Du musst sofort damit aufhören«, sagte Sina in dieser Nacht zu mir. »Online kannst du nichts verändern. Und ich wünschte, Baran hätte euch nie kennengelernt. Er ist kein Verräter. Aber jetzt haben sie etwas gegen ihn und lassen ihn nicht mehr gehen.«

Wenn Baran nichts sagen könnte, dann würden sie ihn nie wieder gehen lassen.

Ich weiß, dass Sina sich entschieden hat und dass sie Baran schützen wird, so gut sie kann. Ich verstehe sie, Baran weiß schon lange, wie es ist, im Visier des Staates zu sein. Wie wichtig ihnen Namen waren. Wir wussten es noch nicht, weil wir nur an uns gedacht hatten.

AYLA

Ich wundere mich, dass Dilek zu Hause ist. Um diese Zeit ist sie sonst im Sprachkurs und ich habe die Wohnung für mich, ein paar Momente allein mit mir und meinen Gedanken. Aber sie sitzt noch genauso in der Küche auf dem Stuhl in der Ecke wie heute Morgen. Auf dem Tisch ein Blatt Papier, vollgekritzelt mit Blumen. Muster, die mich an die von Elif bestickte Decke erinnern. Dileks Lieblingsdecke, die sie mit mir geteilt hat, wenn ich dort war.

»Glaubst du, was Melek sagt?«, fragt sie.

Ich kann nicht mit »ja« oder »nein« antworten, ich denke über Dinge, die Melek sagt, immer in Übersetzung nach. Melek muss man entschlüsseln, das dauert. Ich sage: »Nicht so richtig.« Das sind heikle Fragen, und Melek zu glauben, würde heißen, Dilek nicht zu glauben. Ich glaube Dilek aber.

»Wenn es so wäre, wie sie sagt, dann wäre ich nicht hier.«

»Ich bin sehr froh, dass du hier bist, Abla.«

Ich glaube Dilek, aber ist das, was sie glaubt, wahr?

»Bist du ganz sicher, dass du nicht zurück kannst?«

»Ich kann mich natürlich in den Flieger setzen und zurückfliegen. Aber am Flughafen nehmen sie mich wahrscheinlich direkt fest, oder ein paar Tage später.«

»Aber wie kannst du dir so sicher sein?«

Ich denke an Meleks Cousin, an ihre, wie sie sagt, unzähligen Bekannten, die alle regelmäßig fliegen. Ich höre Melek, wie sie sagt, man solle nicht immer alles übertreiben, und denke an meine eigenen Reisen, mit Anne und Baba.

»Man kann sich nie sicher sein.« Und Dilek klingt ganz anders und ist vielleicht das erste Mal ein bisschen wütend. Oder sie war es die ganze Zeit, und ich merke es erst jetzt.

»Wie lange wird das alles dauern?«, frage ich.

Man kann sich doch nicht für immer unsicher sein. Vor allem nicht Dilek, die immer alles wusste, die immer stärker war als alle anderen.

»Wahrscheinlich lange, ich weiß es nicht.«

»Denkst du, wir können niemals zusammen in die Türkei fliegen?«

Dilek antwortet nicht mehr, sie sieht mich an, als würde sie mich nicht kennen.

TEKIN

Baran schließt die Tür zu seinem Büro hinter uns und bietet mir den Stuhl auf der anderen Seite des Schreibtischs an. Es ist kalt hier, das kleine Fenster lässt kaum Sonne herein, nur ein schmaler Strahl fällt auf den Bücherstapel neben dem Regal. Ich sitze und warte, während er den Mantel auszieht und ihn an den Haken hinter der Tür hängt. Kein kahve, kein çay im Angebot.

»Du hast mich nicht zufällig getroffen, oder?«, fragt er mich.

»Es tut mir leid, Baran, ich dachte, das wäre der sicherste Weg.«

Er unterbricht mich, ich soll leiser sprechen. Die Wände seien dünn. »Was willst du von mir, Tekin?«

»Stimmt es, dass sie dich nach Kangal gefragt haben?«

Baran nickt.

»Und? Was hast du gesagt?«

»Ich habe in zwei Monaten meinen Prozess. Den hätte ich nicht, wenn ich geredet hätte.«

»Sina wollte, dass du sprichst, oder?«

»Ich rede mit dir nicht über Sina, Tekin. Und du wirst auch nicht mit Sina reden.«

»Sina weiß nichts?«

»Lass uns bitte in Ruhe. Ich nehme das alles für euch auf mich.«

Baran wird nicht rauskommen, wenn er nicht spricht. Wenn er so lange durchgehalten hat, wenn er Sina nichts vom Prozess erzählt hat, dann sagt er die Wahrheit.

»Weißt du was über Material gegen Dilek? Ist es wegen Kangal?«

»Ich denke, sie wissen nicht, wer Kangal ist. Sonst würden sie nicht so viel fragen, sondern Dilek einfach festnehmen.«

Seit Dilek weg ist, ist Kangal ruhig.

»Stimmt es, dass Dilek nach Deutschland ist?«

»Woher weißt du das?«

Baran schweigt und ich schwitze.

»Sie war nur kurz dort, zu Besuch bei ihren Verwandten.«

Baran muss nicht alles wissen. Auch ich kann mich auf nichts verlassen.

DILEK

»Abla, du weiß doch, dass ich mit meinen Eltern jedes Jahr fliege.«

Wie man im gleichen Land sein kann, frage ich mich, seit ich Ayla hier kennengelernt habe, und gleichzeitig zwei verschiedene Welten sehen.

»Baba hat für Ende nächsten Monat den Flug gebucht, für vier. Es wusste ja keiner, dass ich mich trennen würde.«

Dass Ayla und ihren Eltern nie was passiert ist, wundert mich nicht. Niemand ist in der Türkei willkommener als Touristen. Es muss genug geben, die sich jedes Jahr davon überzeugen können, wie traumhaft dieses Land ist. Im Paradies gibt es keinen Terror.

»Du und deine Familie, ihr habt keinen Grund, in die Türkei zu fahren. Und wenn ihr das trotzdem macht, dann seid ihr nicht besser als die, wegen denen ich hier sein muss.«

»Wir sind doch auch Familie«, sagt Ayla. Als ich nicht antworte, dreht sie sich um, knallt die Küchentür zu.

Ich atme durch, öffne die Tür wieder, gehe erst in den Flur und stehe dann an der Schwelle zu ihrem Zimmer. Sie packt ihren Rucksack, schmeißt hinein, was sie findet, es macht keinen Sinn. Ich weiche aus, als sie an mir vorbeistürmt.

Jetzt knallt die Haustür zu, ich bebe.

AYLA

Ich weiß nicht, warum ich zu Anne gefahren bin. Jetzt sitze ich in der Küche, und sie steht neben mir, hält mich fest, mein Kopf ist an ihren weichen Bauch gelehnt. Ihr weites Hauskleid, wie ein riesiges Taschentuch.

»Sprich mit mir, canım«, sagt sie.

»Anne, versprichst du mir, dass du ehrlich bist, dass du mir alles sagst?«

Und Anne hört auf, meinen Kopf zu streicheln, nimmt ihn in ihre Hand, guckt mir in die Augen.

»Was ist passiert?«

Ihre großen braunen Augen, die über die Jahre heller geworden sind. Wenn die Sonne scheint, sieht man orangefarbene Flecken. Diese Farbe war schon immer da, denke ich, aber die musste sich erst durch das Braun kämpfen, und das dauert seine Zeit.

»Dilek ist hier.«

Anne guckt mich an und weiß, welche Dilek. Wir kennen keine anderen Dileks. Und sie setzt sich, hält jetzt meine Hände, sie hat die Krümel vom Frühstück noch nicht von der Tischdecke gesaugt, und die Splitter vom gerösteten Brot sehen aus wie Scherben, die sich in ihren Unterarm bohren, dabei kleben sie nur. Ich sehe sie abfallen, als sie nach dem Küchenpapier greift, um sich das Gesicht abzutupfen, dabei schwitzt sie gar nicht.

»Wie geht es ihr? Wo ist sie?«

»Sie hat Angst vor dir und Baba, sie sagt, dass sie ins Gefängnis kommt, wenn sie zurück in die Türkei geht.«

»Sie hat Angst vor uns?«

Anne blinzelt nicht, sieht mich weiter an. Als ob sie durch mich durchgucken würde.

»Seit wann ist sie hier?«

Jetzt stellt Anne mir die Fragen, und es bleibt nichts mehr übrig von ihrer Härte, die sonst manchmal in ihren Worten liegt, als ich erzähle, wie Dilek mir schrieb, wie ich bei ihr einzog, wie ich sie vermisst hatte. Dass ich nicht wusste, ob das stimmen konnte, was sie mir erzählt hat, und wie die Angst da war. Dileks Angst, die ich nicht verstehe, die ich nicht einschätzen kann.

»Ich kann niemanden mehr fragen«, sage ich zu Anne, »nur noch dich.«

»Aber canım, was hätte ich denn sagen sollen?«

»Was in der Türkei wirklich passiert, was ihr davon denkt. Ich habe keine Ahnung, wem soll ich glauben?«

Ich sehe, wie ihre Augen glasig werden.

»Wir leben in Deutschland, hier gibt es andere Probleme. Alles andere, das Komplizierte aus unserer Heimat, das hättest du hier nicht brauchen können. Und Baba hat recht, wir sind keine Politiker«, sagt sie.

»Aber die Politik ist zu uns gekommen«, sage ich, »ihr bringt mir bei, mich Türkin zu nennen, aber was das bedeuten soll, das soll ich selbst herausfinden.«

»Ayla«, sagt sie, und bevor sie weitersprechen kann, frage ich:

»Du hättest gewollt, dass ich einfach nicht reagiere auf Dileks Nachricht?«

»Nein, aber du hättest es mir sagen sollen.«

»Dann hättest du alles dafür getan, dass es keinen Kontakt zwischen uns gibt.«

»Nein«, sagt Anne und kehrt die restlichen Krümel vom Tisch. »Ich hätte ihr eine Anwältin besorgt.«

TEKIN

Sie haben immer jemanden im Blick. Manchmal lassen sie es uns wissen. Die Angst darf uns nicht bestimmen, wir müssen zu ihr sagen: »Du bist da, aber du bist von mir abhängig, nicht ich von dir.« Was Dilek getan hat, war nicht kopflos. Die Gefahren sind real und unreal zugleich. Wir können es nicht wissen. Ich weiß, Dilek wird nie still sein, egal wo sie ist. Selbst wenn Baran Kangals Namen nennen würde. Dilek ist nicht Kangal und Kangal ist nicht Dilek. Wir sind Kangal und auf Dauer sind wir mehr.

DILEK

Unter dem Betonpavillon auf der Anlage sitzt Ayla im Schutz vor dem Regen. Sie kam gestern nicht nach Hause, ich lag auf meinem Bett, als sie sich meldete: »Können wir reden?«

Natürlich können wir, weil sie Ayla ist oder weil sonst niemand mehr geblieben ist, mit dem Reden geht. Und vielleicht weil sie der letzte Grund ist, warum ich noch hier bin.

»Warst du heute Nacht bei Melek?«

Ayla schüttelt den Kopf. »Ich habe mit Anne gesprochen.«

»Über mich?«

In meinem Kragen hat sich Regen gesammelt, er tropft mir in den Nacken.

»Sie sagt, du sollst zu uns nach Hause kommen, sie hat eine Anwältin für dich.«

Was für eine Anwältin? Ich habe Sinem. Selbst alle Sinems der Welt können mir nicht helfen, Sinems kommen in den Knast wie andere Leute auch, und eine Anwältin aus Deutschland weiß nicht mehr als ich. Eine Anwältin aus Deutschland, für was?

»Du solltest ihr nicht von mir erzählen.«

Aber Ayla ist eine, die sich nicht selbst glauben kann, dazu wurde sie erzogen. In der Türkei droht das Gefängnis, hier der Gedanke daran. In der Türkei ist es fast Zufall, ob es passiert. Hier bin ich verantwortlich.

»Sie will dir helfen. Warum nimmst du es nicht an?«

»Was bedeutet Freiheit?«, hatte ich Elif gefragt. Ich war fünf, lag schon im Bett, Zähne geputzt, fertig zum Schlafen.

»Stell dir vor, du bist ein Vogel und fliegst den ganzen Tag durch die Welt und singst deine Lieder. Und du weißt, es gibt andere Vögel, die in Käfigen leben, es gibt Menschen, die sperren die Vögel darin ein. Aber du hast noch nicht einmal Angst vor dem Käfig, weil du weißt, du kannst höher fliegen, als ihre Arme greifen können. Von oben siehst du, was als Nächstes kommt.«

»Was, wenn ich kurz nicht aufpasse und mich einer greift?«

»Dann brauchst du immer noch keine Angst zu haben, weil selbst wenn sie dich einsperren, weißt du immer, wie es ist, fliegen zu können. Und du kannst immer noch darüber singen.«

Wenn ich hierbleibe, was ist dann in fünf Jahren? Wird Tekin noch da sein? Was würde hier von mir bleiben? Egal wie ich mich entscheide, es wird immer jemanden geben, der mich nicht versteht.

»Du hast mich in Gefahr gebracht, Ayla.«

»Du bist doch schon in Gefahr, hast du gesagt. Anne will dir helfen!«

Deutschland ist nicht sicher, nicht einmal Ayla schaut hin. Für Widerstand müssen wir zusammen sein.

Der letzte Flug geht um fünf nach neun.

Aylas Handy klingelt.

»Warte kurz«, sagt sie, »es ist Anne.«

Sie steht auf, läuft ein paar Meter von mir weg, ich soll nicht hören, was sie sprechen.

AYLA

»Anne hat schon einen Termin bei einer Anwältin gemacht, sie kennt sich aus, sagt sie.«

Irgendwas in Dileks Gesicht hat sich in den wenigen Sekunden, die ich am Telefon war, verändert.

»Wir haben schon für morgen einen Termin bekommen, 16 Uhr«, sage ich ihr.

Dilek sagt noch immer nichts. Aber die Wut in ihren Augen ist nicht mehr da.

»Ich muss jetzt los zur Arbeit, bin um 18 Uhr zu Hause, wollen wir dann noch mal alles durchsprechen?«

Sie nickt nur und wischt sich mit der Hand Regen aus dem Gesicht.

»Gel«, sagt sie jetzt und winkt mich zu sich. Sie nimmt mich in den Arm, mein Gesicht in ihren

Haaren, mein Kinn auf ihrer Schulter. »Güzelim benim«, sagt sie und küsst mich auf die Wange.

Nach der Arbeit finde ich in unserem Briefkasten einen Umschlag mit ihrem Wohnungsschlüssel darin. Während ich die Treppen hochrenne, habe ich mein Handy schon in der Hand und auf »anrufen« gedrückt.

Der Teilnehmer ist vorübergehend nicht erreichbar. Bitte versuchen Sie es später noch einmal.

Dileks Sachen sind weg. Auf dem Küchentisch ihr Smartphone. Die zerschnittene SIM-Karte finde ich später im Müll.

Hier ist immer etwas los, deswegen mache ich diesen Job so gerne. Jeden Tag passiert etwas anderes, es ist immer Bewegung, verschiedene Sprachen, Lebendigkeit. Urlauber und Geschäftsleute erkenne ich sofort. Bei allen anderen überlege ich oft, was wohl für eine Lebensgeschichte dahintersteckt. Meistens reisen sie allein, manche in Eile, andere sehr ruhig und gelassen. Dann gibt es aber auch welche, die angespannt sind. Da zittert die Hand schon, wenn sie den Pass auf die Ablage legen. Aber wenn die Papiere stimmen, natürlich lasse ich sie durch.

Bei meinem Cousin standen sie bereits am Gate. Die anderen Fluggäste durften weiter zur Gepäckausgabe. Er sollte mitkommen, saß dann fest in einem kleinen Raum. »Was soll das?«, hat er gefragt. »Routinekontrolle.« Sie haben ihn zwei Stunden warten lassen. Die Tür war von außen verschlossen. Von dort wurde er direkt abgeholt und in Haft gebracht.

In Istanbul sind die Schlangen immer lang, darauf muss man sich einstellen. Hier steigen viele um, reisen ein, reisen aus. Seit dem Anschlag 2016 bin ich immer ein bisschen angespannt. Wahrscheinlich war es der IS. Das sind diejenigen, vor denen die Menschen Angst haben sollten. Festgenommen werden hier nur die, die es verdient haben.

Wir sind wie jedes Jahr geflogen, ganz normal alles, ganz normal. Wir haben nichts zu verbergen, natürlich durften sie in mein Handy gucken. Mein Bruder und seine Kinder konnten in einem separaten Bereich warten, ich sollte mitkommen. Wir hatten noch Parfüm im Duty-free gekauft, als Mitbringsel. Ich habe denen dann gesagt, dass meine Mutter uns draußen erwartet, durfte aber nicht anrufen. Ich habe gefragt, was mit unseren Koffern ist, die haben sicher schon mehrere Runden auf dem Band verbracht. »Das muss ein Irrtum sein«, habe ich gesagt, aber sie haben nur gelacht.

»Guten Flug. Have a nice flight. İyi uçuşlar.«

Es fehlen Sprachen, denke ich.

Dieses Mal kein Fensterplatz.

Ich schließe die Augen. Start.